LE

CABARET DU POT-CASSÉ

VAUDEVILLE EN TROIS ACTES

Par MM. CLAIRVILLE et L. THIBOUST

MUSIQUE NOUVELLE DE M. BARILLER

Représenté, pour la première fois, à Paris, sur le théâtre du VAUDEVILLE,
le 22 septembre 1854

PRIX : 60 CENTIMES

Paris

BECK, LIBRAIRE, RUE DES GRANDS-AUGUSTINS, 20

1854

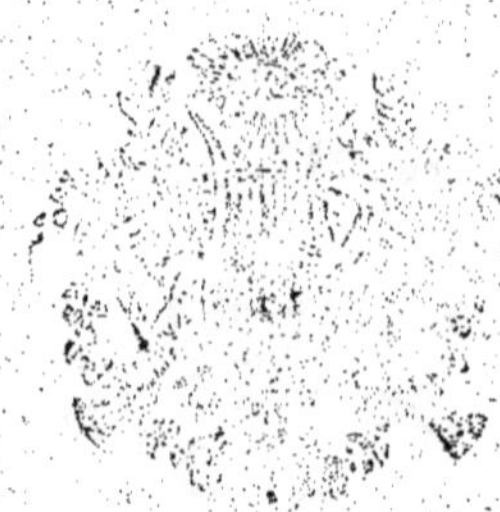

LE CABARET DU POT-CASSÉ

VAUDEVILLE EN TROIS ACTES

Par MM. CLAIRVILLE et L. THIBOUST

MUSIQUE NOUVELLE DE M. BARILLER

Représenté, pour la première fois, à Paris, sur le théâtre du VAUDEVILLE
le 22 septembre 1854

PERSONNAGES.	ACTEURS.
CADEDIS, sergent du guet....................................	MM. FÉLIX.
LE CHEVALIER DE BOISSEC................................	DELANNOY.
LE COMTE DE FONTANGES..............................	CHAUMONT.
PAPILLON, soldat du guet...................................	FÉLICIEN.
DE LANGEAC, jeune seigneur............................	ALERME.
CHAMILLARD, idem..	SPECK.
DE MORTREUIL, idem.....................................	ROGER.
GERMAIN, valet du comte.................................	ALBERT.
BOUTON-D'OR..	BACHELET.
LUCIENNE DE FONTANGES, 18 ans.....................	Mmes THÉRIC.
BABIOLE TRICOT, sa sœur de lait........................	DUBUISSON.
LA VEUVE PIGACHE......................................	DUPLESSIS.

Sous la Régence, en 17...

NOTA. S'adresser, pour la musique exacte, à M. TARANNE, faubourg du Temple, 65.

ACTE PREMIER.

L'hôtel du comte, faubourg Saint-Antoine; ameublement luxeux; porte au fond, portes latérales.

SCÈNE PREMIÈRE.

LE COMTE, DE LANGEAC, DE MORTREUIL, CHAMILLARD, *assis et causant* (1).

LE COMTE. Oui, Messieurs..... Quand Dubois s'est présenté hier chez le duc d'Orléans, Monseigneur lui a fait signifier par un laquais de se retirer à l'instant dans sa terre de Saint-Germain. ....

DE LANGEAC. C'est admirable !

DE MORTREUIL. Ainsi, le voilà à terre.

CHAMILLARD. Comment !... le Régent, qui ado-

(1) M. le C. C. L.

rait Dubois, qui l'appelait *son drôle*, qui le mettait de tous les soupers des petits appartements...

LE COMTE. Le Régent a compris qu'un tel homme ne pouvait rester au ministère. Dubois ministre !... Dubois représentant la France !

TOUS, *riant.* Ah! ah! ah!

LE COMTE. C'est trop bouffon !... la créature de madame de Parabère, un croquant, un vilain... dicter des lois à des gentilshommes tels que nous...

CHAMILLARD, *se levant.* Tel que vous surtout, comte, dont la vieille noblesse...

LE COMTE. Oh! ma vieille noblesse... voilà une chose dont je me moque, par exemple!

DE MORTREUIL, *riant*. Que dites-vous comte ! Seriez-vous philosophe ?

LE COMTE. Je ne sais pas trop ce que je suis... mais je sais que cet animal de Dubois me déplaisait... il nous donnait sur les nerfs, à moi et à mon gendre, le chevalier de Boissec.

DE LANGEAC. Ce cher chevalier !... votre gendre !

LE COMTE. Oui, Messieurs ; il épouse demain ma fille, ma Lucienne.

DE MORTREUIL. Comment ! cher comte, vous aviez une fille, et nous l'ignorions !

LE COMTE. Parbleu ! croyez-vous que je vais monter sur les tours Notre-Dame pour crier que je suis père de famille ! — Oui, Messieurs, j'ai une fille que j'adore, et que je n'ai pas vue depuis dix-huit ans... c'est-à-dire depuis le jour de sa naissance.

DE LANGEAC. Et elle est jolie, sans doute ?...

LE COMTE. Charmante !... on m'écrit que c'est tout mon portrait. — Je l'ai fait élever dans les environs de Bordeaux, dans mon château de Saint-André, près d'une tante, ma sœur, la chanoinesse de Pontécoulant.

CHAMILLARD. Se peut-il !... votre fille est jolie... et vous la donnez au chevalier de Boissec ?

LE COMTE. C'est un raisonnement que je me fais : j'ai pensé qu'autrefois j'étais beau et spirituel et que j'ai rendu la comtesse très-malheureuse. — Que par conséquent le chevalier, qui est bête et laid, doit faire un excellent mari... N'est-ce pas, Messieurs, que c'est très-juste ce que je dis là...

TOUS. Très-juste.

LE COMTE. Ainsi donc, Messieurs, demain signature du contrat. Je compte sur vous. (*On entend chanter au dehors par des voix avinées.*)

<blockquote>
Vive la Margot
Pour nous verser jusqu'à la lie !
Toujours la Margot
Donne de l'esprit au plus sot.
Vive la Margot
Qui du bas en haut
Est un' femme accomplie !
Vive la Margot
Qui du bas en haut
N'a pas un seul défaut !
</blockquote>

LE COMTE, *sonnant avec colère*. Germain !... (*Germain paraît.*) Pourquoi cette fenêtre est-elle ouverte ?

GERMAIN. Monsieur le comte...

LE COMTE. Fermez-la... Quels sont ces hommes qui chantent ?

GERMAIN. Monsieur le comte, ce sont des buveurs qui reviennent du *Pot-Cassé*.

LE COMTE. Le *Pot-Cassé* ?... qu'est-ce que c'est que ça ?

GERMAIN. C'est un cabaret de Belleville.

LE COMTE. C'est bien ; sortez !

CHAMILLARD. Comment ! mon cher comte, vous ne connaissez pas cet ignoble bouge ? (*On rit.*)

LE COMTE. Iriez-vous, par hasard ?...

CHAMILLARD, *riant*. Pourquoi pas ?... J'y allais surtout du temps du feu roi ; il y avait alors une jeune fille charmante qu'on appelait la Margot, et qui donnait à cette guinguette un charme tout particulier, mais elle fut enlevée par un capitaine des hussards de Berchini ; et maintenant celle qui la remplace est une vieille, juchée sur un tonneau à la façon du vieux Silène, et qui, sous le nom de Margot comme sa devancière, verse à boire à des soldats, à des gens du peuple... enfin à tout un monde assez curieux... On chante... on crie, on se dispute, on s'interpelle dans le langage rimé des dames de la Halle... Tout cela est fort burlesque, je vous jure.

GERMAIN, *annonçant*. M. le chevalier de Boissec.

TOUS, *remontant*. Ah !...

SCÈNE II.

LES MÊMES, LE CHEVALIER DE BOISSEC, *un gros bouquet à la main* (1).

LE COMTE. Arrivez donc, chevalier !

LE CHEVALIER, *d'un ton léger*. Bonjour, Messieurs... Eh bien ! Dubois est fini. Ah ! le butor ! ah ! le bélître !... qui se mêlait de gouverner... Ah ! ah ! ah ! c'est du dernier plaisant..., Bonjour, beau-père... ou peu s'en faut. (*Montrant son bouquet.*) Je viens mettre ce jardin aux pieds de ma belle cousine... Où est-elle ?... où est-elle, que je meure à ses pieds ?

LE COMTE. Elle n'est point encore arrivée...

LE CHEVALIER. Vraiment !

LE COMTE. Elle a quitté Bordeaux il y a huit jours ; ma berline de voyage est excellente, et avec des chevaux de poste...

LE CHEVALIER. De Bordeaux à Paris en huit jours !... comme on voyage vite à présent !... c'est merveilleux !

CHAMILLARD (2). Comment, chevalier, tu te maries !...

LE CHEVALIER, *tournant sur la pointe*. Oui, Messieurs, moi, le chevalier Tancrède de Boissec, le roué des roués, le coureur de ruelles, l'homme des petits soupers, moi, qui ai des petites maisons dans tous les faubourgs, et un gant à l'année dans les stalles de l'Opéra, j'abdique, je dételle... Mes maîtresses ont pris le deuil, et j'ai chassé la moitié de mes cuisiniers ; je suis un homme mort et enterré, Messieurs... mais que diable !... on se doit à ses aïeux... et je suis le dernier de la branche des Boissec, n'est-ce pas, beau-père ?...

1 L. C. B. le C. M.
2 L. C. B. M. le C.

LE COMTE. Ne faut-il pas toujours en venir là?

DE LANGEAC. Tu fais bien...

LE CHEVALIER. Je deviens un homme sérieux... je veux me livrer à la politique...

DE MORTREUIL. Toi!... mais tu réussiras, chevalier.

LE CHEVALIER. Parbleu!... je veux être ministre... c'est si facile de gouverner sa patrie... on n'a qu'à dire : « Mes enfants, voilà... et si vous n'êtes pas contents, que le diable vous emporte!... » Ah! ah! ah!... (*On rit.*) Je suis enchanté... mais enchanté d'avoir conspiré!

LE COMTE. Ce cher chevalier! (*A part.*) Il est bête comme tout.

CHAMILLARD. Tu as toujours été un homme d'esprit, chevalier.

LE CHEVALIER (1). Ventre de biche!... un imbécile et moi... ça fait deux... Mais ma future ne vient pas... elle que je ne connais point et que j'adore... C'est un amour comme dans les comédies... hé! hé! hé!... n'est-ce pas, beau père?

LE COMTE. Patience, chevalier.

LE CHEVALIER, *faisant une pirouette.* De la patience!... vous dites patience à un homme qui brûle... car mon cœur est en feu... Je suis incendié!... Ah! beau-père, vous ne savez pas ce que c'est qu'un Boissec... quand il s'enflamme!

GERMAIN, *entrant* (2). Le notaire vient d'entrer dans le petit salon.

LE COMTE. Ah! il a dressé les clauses du contrat... Venez-vous, chevalier?

LE CHEVALIER. Adieu, Messieurs... à demain, très-chers!...

TOUS. A demain. (*On se serre la main.*)

ENSEMBLE.

Air des *Bloméristes.*

LE CHEVALIER.

A demain donc mon mariage;
Je me soumets à ce charmant
Servage.
Ici, vraiment,
Tout me présage
Un avenir
D'amour et de plaisir.

LES AUTRES.

A demain donc ce mariage;
Il se soumet à ce charmant
Servage.
Ici, vraiment,
Tout lui présage
Un avenir
D'amour et de plaisir!

1 L. C. M. B. le C.
2 L. C. G. M. B. le C.

SCÈNE III.

GERMAIN, *puis* BABIOLE.

GERMAIN. En voilà un drôle de mariage!...

BABIOLE, *qui vient d'entrer.* Bonjour, monsieur Germain.

GERMAIN. Ah! mademoiselle Babiole, la sœur de lait du château.

BABIOLE. Que disiez-vous là, tout seul?

GERMAIN. Je disais que ce mariage-là doit vous ennuyer... si vous aimez notre demoiselle!

BABIOLE. Si je l'aime!... je crois bien... c'est ma sœur de lait, vu que ma mère était sa nourrice... et quand on a partagé cette nourriture-là... voyez-vous... ça ne s'oublie pas... quand on a de ça... (*Elle montre son cœur.*)

GERMAIN. Et vous ne voulez donc pas vous marier, vous, mademoiselle Babiole?

BABIOLE. Peuh!... on dit que tous les hommes ne valent pas la corde pour les pendre... Pourtant, si je trouvais un bon gros garçon bien aimant... bien... dame! on se laisserait peut-être tenter... C'est que je ne suis pas un mauvais parti, allez...

GERMAIN. Dites donc, est-ce que c'est vrai ce qu'on dit?

BABIOLE. Et que dit-on?

GERMAIN. Que vous êtes la nièce de la vieille Margot, la fameuse cabaretière du *Pot-Cassé.*

BABIOLE. Oui, que c'est vrai... et ma tante a joliment des écus... mais les hommes!... ah! j'ai pas de confiance.

PREMIER COUPLET.

Air du *Tambour.* (De Clapisson.)

Partout, j'entends battre la caisse :
Jeunes filles, que l'on s'empresse!
Choisissez parmi vos galants,
Tous les maris sont excellents.
A ce refrain qu'on tambourine,
Chaque fillette s'imagine
Qu'elle n'a qu'à prendre, en effet,
Le premier mari qui lui plaît;
Mais, quand le mariage est fait,
Celui qui nous plut nous déplait,
Et souvent, même sans sujet,
Nous lui faisons le même effet.
L'amour a fait du conjungo
Une loterie, et je pense
Que l'on n'a pas toujours la chance
D'attraper un bon numéro.
Et rataplan,
Oui, chaque amant,
Tambour battant,
Voudrait mener le sentiment.

DEUXIÈME COUPLET.

A cette grande loterie,
Où toujours la chance varie,

Le hasard nous offre pour lots
Des Apollons et des magots :
Les Apollons, beaux de visages,
Sont presque toujours des volages ;
Les magots, souvent bons sujets,
Sont, hélas ! affreusement laids.
On trouve même des muguets
Qui sont infidèles et laids.
Pour trouver des maris parfaits,
Il faudrait qu'on les fît exprès.
L'amour a fait du conjungo
Une loterie, etc.

(Bruit de voiture au dehors.)

GERMAIN. Une voiture entre dans la cour de l'hôtel... c'est une berline !

BABIOLE, *à la fenêtre.* C'est elle !... c'est Lucienne, ma petite sœur de lait !... Ah ! que je suis contente !... *(Allant à la porte de droite.)* Monsieur le comte ! monsieur le comte !... v'là not' demoiselle !

LE COMTE, *entrant* (1). Lucienne !

LE CHEVALIER, *rentrant avec son bouquet.* Mon adorable fiancée ! *(Il pirouette.)*

LE COMTE. Mon enfant, la voilà ! *(Lucienne paraît en costume de voyage, suivie de femmes qui portent des bagages. Elle-même tient à la main une cage dorée dans laquelle est un perroquet.)*

SCÈNE IV.

LES MÊMES, LUCIENNE (2).

LUCIENNE. Mon bon père ! *(Elle se jette dans les bras du comte.)*

ENSEMBLE.

Air de *M. le vicomte.*

Heure d'ivresse !
Béni le jour
Qui $\substack{la \\ vous}$ rend à ma tendresse !
Qui $\substack{la \\ vous}$ rend à mon amour !

LE COMTE. Ma Lucienne !... ma fille !... que je n'ai pas vue depuis dix-huit ans !... comme tu es changée !... mais embrasse-moi donc !

LUCIENNE. O mon père ! que je suis heureuse de vous voir !... *(Voyant Babiole.)* Babiole !...

BABIOLE. Elle me reconnaît !

LUCIENNE. Mais embrasse-moi donc !

BABIOLE. Avec plaisir, ma sœur de lait. *(Elle lui saute au cou.)*

LE CHEVALIER. Adorable !... Mademoiselle, permettez-moi... ces fleurs, filles du printemps... c'est pour vous qu'elles semblent marier leurs parfums...

1 Bo. le C. Ba. G.
2 Bo. le C. L. Ba.

LUCIENNE, *prenant le bouquet* (1). Monsieur...

LE COMTE. Le chevalier de Boissec, notre cousin...

LE CHEVALIER. Et bientôt...

LE COMTE, *bas.* Silence !... je lui annoncerai moi-même...

LE CHEVALIER (2). Ah !... Permettez-moi, Mademoiselle, de vous débarrasser de ce léger fardeau.

LUCIENNE, *lui donnant la cage.* C'est Jacquot... mon perroquet.

LE CHEVALIER. Oh ! qu'il est joli !... As-tu déjeuné, Jacquot ?

LE COMTE (3). Je suis en affaire... une affaire importante ; mais tu es ici chez toi, donne des ordres...

LUCIENNE. Vous me quittez déjà ?

LE COMTE. Je te reverrai bientôt. *(Bas, au chevalier.)* Je vous laisse avec elle !... faites votre cour... soyez galant !...

LE CHEVALIER. Dans dix minutes, elle sera folle de moi.

LUCIENNE, *bas, à Babiole, montrant le chevalier.* Dieu ! qu'il est vilain !

ENSEMBLE.

Air de *Gastibelza.*

Aujourd'hui,
Plus d'ennui,
Ici nous devons, je pense,
sa
Pour fêter ta présence,
ma
Saisir
L'heure du plaisir.

SCÈNE V.

LE CHEVALIER, LUCIENNE.

LUCIENNE, *parlant des gens qui l'accompagnent.* Babiole, veux-tu conduire à mon appartement... Quelques ordres à donner, et je suis à toi.

BABIOLE. C'est dit, je vais vous attendre... Venez, Mesdames. *(Elle sort avec les femmes qui ont apporté les bagages.)*

LE CHEVALIER, *tenant toujours la cage, à part* (4). Nous sommes seuls... *(Haut.)* Ah ! Mademoiselle...

LUCIENNE. Monsieur !...

LE CHEVALIER. Appelez-moi Tancrède !... C'est un bonheur que... une félicité qui... *(Poussant un cri de douleur et laissant tomber la cage à terre.)* Aïe !... sacrebleu !... il pince !

LUCIENNE. Monsieur... mais faites donc atten-

1 Le C. Bo. L. B.
2 Le C. Bo. L. Ba.
3 Bo. le C. L. Ba.
4 L. Bo.

tion!... Jacquot!... mon pauvre Jacquot!... vous allez le tuer.

LE CHEVALIER. Il pince raide, le pauvre Jacquot!

LUCIENNE. Chevalier, vous êtes mon cousin... mais si vous voulez que nous soyons bons amis, il faut vous faire aimer de Jacquot.

LE CHEVALIER. Comment donc!... il m'aimera!.. je lui apprendrai le répertoire varié de ses confrères. (*A part.*) Avec un peu de persil... vlan!

LUCIENNE. A la bonne heure!...

LE CHEVALIER. Ah! Mademoiselle!...

LUCIENNE. Monsieur...

LE CHEVALIER. Appelez-moi Tancrède... Ah! Lucienne!... c'est un bonheur que... une félicité qui... Et puis, c'est si bon d'être deux dans la vie, de marcher cœur contre cœur, dans les sentiers du bonheur légitime, et de rêver la nuit sous les étoiles, ces clous d'or qui attachent la voûte céleste... Oh! que c'est donc bon! que c'est donc bon!

LUCIENNE, *se levant.* Pourquoi me dites-vous tout cela?

LE CHEVALIER. Pour rien !... oh! pour rien... Adieu, Mademoiselle...

LUCIENNE, *soutenant son rire* (1). Adieu, Monsieur.

LE CHEVALIER, *à lui-même.* Je cours acheter la corbeille de mariage... j'y glisse pour vingt-cinq mille livres de diamants, et je reviens sur l'aile des amours... (*Haut.*) Mademoiselle...

LUCIENNE, *faisant une révérence profonde.* Monsieur!...

LE CHEVALIER. Oh! appelez-moi Tancrède... votre Tancrède pour la vie. (*Il sort en pirouettant.*)

SCÈNE VI.

LUCIENNE, *puis* BABIOLE.

LUCIENNE, *éclatant de rire.* Ah! ah! ah!... le drôle de cousin!.. quelle figure!...

BABIOLE, *montrant sa tête, à la porte de droite* (2). Tiens! vous êtes encore là, et toute seule?

LUCIENNE Babiole!... mais viens donc!

BABIOLE. Me v'là!... et joliment contente!... Oh! que vous êtes donc jolie, ma sœur de lait!

LUCIENNE. Tu trouves?... J'ai bien pensé à toi, va!

BABIOLE. Vrai!... vous n'avez pas oublié vot' petite Babiole?

LUCIENNE. T'oublier, toi, ma première amie! toi qui peux seule aujourd'hui me rappeler tant de joyeux souvenirs!

1 B. L.
2 L. Ba.

BABIOLE. Oui, c'est cela, nous parlerons du pays, de nos vieux amis d'autrefois, de tous les pauvres dont vous êtes la providence.

LUCIENNE. N'étais-je pas la plus riche!

BABIOLE. Et la meilleure... sans compter que nous avons eu de vos nouvelles depuis.

LUCIENNE. De mes nouvelles!...

BABIOLE. Oui, cette pauvre Thérèse Bernard, la vieille boisière qui apportait du bois au château...

LUCIENNE. Comment! tu as su?...

BABIOLE. Par Jacques, le fermier de M. le comte, j'ai su que vous aviez sauvé cette pauvre mère Bernard, qui voulait mourir parce que son mauvais sujet de fils, ce gredin de Pascal Bernard, l'avait abandonnée.

LUCIENNE. Ah! c'est affreux!... Si tu avais vu cette pauvre vieille, si tu avais été témoin de son désespoir...

Air de M. Bariller.

Lorsque j'appris ce coup inattendu,
Je me rendis à sa pauvre chaumière.
« Ne pleurez plus, lui dis-je, bonne mère,
« Le mauvais fils que vous avez perdu ;
« Si vous voulez de moi pour votre fille,
« Bientôt vos pleurs cesseront de couler.
« Tous les bons cœurs doivent se consoler,
« Dieu les a faits de la même famille. »

BABIOLE. Oh! c'est joliment bien ce que vous avez fait là, ma sœur de lait!

LUCIENNE. C'était bien simple, bien naturel; mais revenons à toi... Es-tu contente? es-tu mariée? (*Elles s'asseyent.*)

BABIOLE. Non, ma sœur de lait... Entre nous, ce n'est pas le désir qui me manque, mais je n'ai pas encore un sentiment... Et vous, ma sœur de lait, vous l'avez vu?

LUCIENNE. Qui donc?

BABIOLE. Vot' sentiment, vot' futur.

LUCIENNE. Mon futur?...

BABIOLE. Eh oui!... Vous ne savez donc pas... on veut vous marier...

LUCIENNE. Me marier !...

BABIOLE. Avec vot' cousin, le chevalier de Boissec.

LUCIENNE. Comment! ce ridicule personnage... me marier avec lui!... Jamais !

BABIOLE, *avec un soupir.* On vous forcera, ma sœur de lait.

LUCIENNE (1). Me forcer, moi !... Ah! on ne me connaît pas... J'ai l'air un peu timide, un peu niais, mais vois-tu, Babiole, j'ai été élevée dans un pays où tout se courbait sous mes volontés d'enfant... Courant à travers champs, n'écoutant que mes caprices, ne faisant que ma volonté... Je suis un peu sauvage, j'ai du courage et de l'audace, et, au besoin, je serai à Paris ce que

1 B. L.

j'étais dans nos belles campagnes de Saint-André... Me forcer, contraindre ma volonté, jamais ! Je veux rester libre , avec mon indépendance passée... et ma bonne sœur de lait, Babiole, qui sera mon amie et ma confidente.

BABIOLE. Oh! oui, not' demoiselle... vous êtes ben ce que j'aime le plus dans le monde.

SCÈNE VII.

LES MÊMES, LE COMTE (1).

LE COMTE. Babiole, laissez-nous.

BABIOLE, *à part*. Vilain mariage, va! (*Elle sort.*)

LE COMTE. Ma fille... ma Lucienne... Tu as vu le chevalier ?

LUCIENNE. Oui, mon père.

LE COMTE. Eh bien! comment le trouves-tu ?

LUCIENNE. Moi!... je le trouve affreux !

LE COMTE. Il te déplaît donc?

LUCIENNE. Oui... beaucoup !

LE COMTE. Eh bien! Lucienne, tu l'épouses demain, à onze heures pour le quart...

LUCIENNE, *vivement*. Mais je n'en veux pas!...

LE COMTE. Ma fille, le premier devoir d'un enfant est généralement d'obéir à son père... Et comme je suis le tien, tu m'obéiras.

LUCIENNE, *d'un ton câlin*. Mais, mon bon père, le chevalier est laid... ridicule...

LE COMTE. Les jolis garçons rendent les femmes très-malheureuses... Ta mère n'a fait que pleurer, et si elle n'était pas morte, elle pleurerait encore... Je te jure que tu seras heureuse avec le chevalier... Tu le mèneras... tu en feras... tout ce que tu voudras.

LUCIENNE, *lui passant ses bras autour du cou*. Mon petit père... soyez gentil.

LE COMTE. Mon enfant. . j'ai donné ma parole au chevalier... tu ne voudrais pas que le chevalier appelât ton père : girouette. Épouse-le... bah!... qu'est-ce que ça te fait? Pour ton père... il t'aime bien, ton père... il ne s'est jamais occupé de toi, c'est vrai, mais il t'aime bien !

LUCIENNE. Non !

LE COMTE, *avec force*. Enfin, je veux ce mariage!

LUCIENNE. Ah!... Eh bien! moi, je ne le veux pas!

LE COMTE. Tu refuses?...

LUCIENNE. Oui...

LE COMTE. Vertuchou! tu braves un père... qui est plus âgé que toi!...

LUCIENNE. Oui...

LE COMTE. Quel charmant caractère!... Elle me

1 Le C. B. L.

rappelle sa mère... Allons, ne nous brouillons pas... viens dans mes bras!

LUCIENNE, *avec joie*. Ah! vous consentez...

LE COMTE. Je refuse toujours.... Tout ce que je puis pour toi, c'est de te faire épouser le chevalier, à onze heures pour la demie...

LUCIENNE, *à part*. Oh! c'est ce que nous verrons !

LE COMTE. C'est ce que tu verras... (*Musique en sourdine.*)

SCÈNE VIII.

LES MÊMES, GERMAIN, *puis* BABIOLE.

GERMAIN, *entrant* (1). Une lettre de M. le marquis de Chamillard... C'est très-pressé.

LE COMTE. Donnez.

BABIOLE, *entrant de droite, à Lucienne, à mi-voix*. Eh bien?

LUCIENNE. J'ai refusé!... Oh! tu verras que j'ai du caractère ! (*Le comte décachette la lettre et lit rapidement; sa physionomie s'altère peu à peu. Il tombe dans un fauteuil en froissant la lettre. La musique s'arrête sur un forté.*)

SCÈNE IX.

LES MÊMES, LE CHEVALIER, *portant une riche corbeille rose.*

LE CHEVALIER, *très-gai* (2). Me voilà! me voilà !... (*A Lucienne.*) Ah! Mademoiselle... c'est un bonheur que...

LE COMTE. Ah! chevalier, il s'agit bien de cela... Écoutez, écoutez ce que m'écrit le marquis de Chamillard. (*Il lit.*) « Cher comte, fuyez, fuyez « sans perdre une minute... Le Régent a par-« donné à Dubois, qui est plus puissant que ja-« mais... Dubois a sollicité une lettre de cachet « contre vous et le chevalier de Boissec... »

LUCIENNE, *écoutant*. Une lettre de cachet !

LE COMTE, *continuant*. « Vos biens et les siens « sont confisqués... Fuyez... fuyez vite!... »

LE CHEVALIER. Ah! je flageole !... Ah!...

LUCIENNE. Mon père... que signifie?...

LE CHEVALIER, *furieux*. Mais c'est affreux !... mais c'est une indignité !

LE COMTE (3). Du calme!

LE CHEVALIER, *gesticulant avec sa corbeille*. Du calme !... je vous trouve charmant... C'est votre faute aussi... c'est vous qui m'avez fourré là dedans. Moi, je ne voulais pas conspirer...

LUCIENNE. Conspirer!...

1 L. G. le C.
2 Le C. Bo. L. Ba.
3 Bo. le C. L. Ba.

LE CHEVALIER. Il ne m'avait rien fait à moi, Dubois... C'est un homme charmant... Somme toute, il gouverne la France... Je voudrais bien vous voir à sa place, vous... vous feriez un joli gâchis !

LE COMTE. Chevalier !...

LE CHEVALIER. On va m'arrêter, moi, qui n'ai rien fait... que suivre vos détestables conseils... C'est vous que l'on devrait arrêter...

LUCIENNE, *courant à lui.* Arrêter mon père !...

LE CHEVALIER, *continuant.* Oui, c'est lui !... *(Au comte.)* C'est vous que l'on devrait fourrer à la Bastille... et c'est moi qui suis pincé... Ventre de biche !... que le diable vous emporte, vous et vos conspirations !

LE COMTE (1). Chevalier !

LUCIENNE. Ah ! un tel langage...

LE CHEVALIER. Ah ! Mademoiselle, j'en suis désolé... un tel langage est celui qui convient à un homme emberlificoté... Votre père m'a emberlificoté ! *(Au comte.)* Vous êtes un emberlificoteur !

LUCIENNE. Mais votre amour pour moi...

LE CHEVALIER. Mais je ne vous aime pas !... Je vous épousais, je ne sais pourquoi... C'est encore M. votre père qui m'avait fourré là dedans... Ah ! il a de bonnes idées, M. votre père !

LE COMTE (2). Allons, chevalier, de la dignité !

LE CHEVALIER. De la dignité !... Je cours me jeter aux pieds de Dubois... je l'appellerai grand homme... je lui dirai : « Oui, tu fais le bonheur « de mon pays... » Voilà comment j'entends la dignité, moi !

LE COMTE. Chevalier !... ces paroles... vous m'en rendrez raison... Sortons !...

LE CHEVALIER. Oui... sortons !... Je ne demande pas mieux.

GERMAIN, *tout effaré.* Monsieur le comte, la cour est pleine de soldats.

LE CHEVALIER. Des soldats !... un régiment, sans doute... on va me passer au fil de l'épée... Ah ! que je suis donc contrarié !...

LE COMTE (3). Venez... suivez-moi tous... et peut-être... Toi, Babiole, empêche-les d'entrer dans cet appartement.

BABIOLE. Oui, not' maître !... *(Bas, à Lucienne.)* C'est égal, c' mariage n'aura pas lieu.

ENSEMBLE.

Air : *Dans le gouverneur.* (Montaubry.)

Espérance
Et confiance !
Personne n'entrera
Là.

1 Bo. le C. L. Ba.
2 Le C. Bo. L. Ba.
3 Bo. le C. L. B.

Du courage,
Du courage,
Et l'orage
Passera.
(Ils rentrent à gauche.)

SCÈNE X.

BABIOLE, *puis* BOUTON-D'OR, *et les* SOLDATS;
puis CADÉDIS *et* PAPILLON.

BABIOLE, *tremblante.* Des soldats !... mais je ne serai jamais assez forte pour empêcher un régiment d'entrer !

BOUTON-D'OR, *paraissant.* Par ici, camarades... Cré coquin !... c'est une jeunesse !... Bonjour, la jolie fille. *(On entoure Babiole.)*

TOUS. Bonjour, la jolie fille !

BABIOLE. Bonjour, messieurs les soldats.

BOUTON-D'OR. L'amour nous autorise à cueillir un baiser... Enlevé !

BABIOLE. Ah !... *(Elle s'enfuit ; on rit.)*

CADÉDIS, *entrant par une porte latérale avec des bouteilles sous les bras.—Accent gascon très-prononcé.* Qu'est-ce que c'est ?... qu'est-ce que c'est ?... on embrasse les femmes sans moi !

TOUS. Tiens ! le sergent !

PAPILLON, *entrant par la même porte, portant aussi des bouteilles et des saladiers.* De quoi ! de quoi !... on embrasse les femmes sans nous !

TOUS. Papillon !

PAPILLON. En v'là des farceurs !... Plus que ça de genre... on se permet les femmes zhuppées... merci du peu !

BOUTON-D'OR. Ah çà ! d'où-t-est-ce que vous venez donc par là, sergent ?

CADÉDIS. C'est une idée qui m'est venue dé faire lé tour du château... j'ai dit à Papillon : Ces pétites maisons du faubourg Saint-Antoine, ça vous a uné foule dé pétites portes secrètes... et comme dé fait, nous avons aperçu, dans une ruelle étroite, l'entrée dé cé couloir...

PAPILLON. Et dans ce couloir, nous avons aperçu ces bouteilles.

CADÉDIS, *les posant sur la table.* De l'eau-de-vie, premier numéro !

PAPILLON. Et des saladiers pour le punch !

TOUS. Bravo !

CADÉDIS. C'est donc pour vous dire, mes pétits, que j'ai placé des factionnaires à toutes les autres issues, et c'est ici que j'établis mon quartier général.

PAPILLON. Nous nous chargeons de garder le passage, le sergent et moi.

BOUTON-D'OR. Bah ! Est-ce qu'on ne va pas mettre tout de suite les oiseaux en cage à la Bastille ?...

CADÉDIS. Té ! mon pitioun !... on té les envoie plus loin que ça... La consigne est de les garder ici toute la nuit, et demain matin, fouette cocher... et en route pour Pignerol!

TOUS. Pignerol !...

BOUTON-D'OR. Qu'est-ce que c'est que ça, Pignerol?

TOUS. Oui, qu'est-ce que c'est que ça?

PAPILLON. Comment, grosse bête, tu ne sais pas ce que c'est que Pignerol .. Pignerol... c'est... c'est... Tiens! au fait, qu'est-ce que ça peut donc être?... (*On rit.*)

CADÉDIS. Cé qué c'est qué Pignerol?... Allez donc, tas d'ignorants!

TOUS. Eh bien! qu'est-ce que c'est?

CADÉDIS. Té! jé n'en sais rien!... mais paraîtrait que c'est un rocher près de la mer, et que l'on y enferme les prisonniers d'État et ceux qui ne veulent pas laisser Dubois gouverner tranquillement sur ses deux oreilles... D'après les on-dit dé ceux qui en reviennent, cé rocher-là serait gardé par des éléphants sauvages d'uné grandé méchanceté.

BOUTON-D'OR. Qu'est-ce qu'ils ont donc fait ces particuliers-là, pour être arrêtés?

PAPILLON. Comment! tu arrêtes les gens sans savoir ce qu'ils ont fait?...

BOUTON-D'OR. Le sais-tu, toi?

PAPILLON. Que t'es donc bête! si je le savais, je te le dirais!...

CADÉDIS. Cé qu'ils ont fait!... ils ont conspiré contre Dubois.

TOUS. Ah!

CADÉDIS. Rien que ça!... le favori de monseigneur le Régent!... le ministre en faveur.

PAPILLON. Le ministre !

CADÉDIS. Celui qui est chargé de te rendre heureux.

PAPILLON. Mais je ne le suis pas, heureux!

CADÉDIS. Monsieur Papillon, vous êtes toujours occupé à jeter des cailloux dans les carreaux de la Fortune.

PAPILLON. Avec ça qu'elle s'occupe bien de moi, la fortune.

CADÉDIS. Patience!... elle est occupée chez le voisin !... Prenez votre numéro !

PAPILLON. Qu' t'es heureux d'être philosophe!

CADÉDIS. Si je suis philosophe, je vais vous en donner une preuve! Tel que vous me voyez, je suis un cadet de Gascogne... moi!

PAPILLON. Qu'est-ce que c'est que ça, un cadet ?

CADÉDIS. Autrement dit, je suis gentilhomme, rien que ça!

TOUS. Gentilhomme !

CADÉDIS. Mon père, un sacripant de mon espèce, ruiné par ses folies, pour faire niche à sa famille, épousa ma mère, la fille de Jean Pascal, un bûcheron; mais, à la mort du chevalier de Lanscac, c'était le nom de mon père, sa pauvre veuve, qui n'avait hérité que d'un titre, fut obli-

gée d'y renoncer pour éviter les procès et peut-être la Bastille dont on la menaçait; c'est alors que, sous le nom de Pascal Bernard, je me suis fait soldat, certain qu'une patrie que l'on sert, et qui vous adopte, vaut mieux qu'une famille qui vous repousse !... voilà comme nous raisonnons dans la Gironde!

PAPILLON, *riant.* Satané Gascon, va!

CADÉDIS. Gascon, je m'en flatte !... Pascal Bernard, surnommé Cadédis , Gascon de naissance et soldat du guet de profession ; aventurier par caractère, aimant les vins vieux, les femmes jeunes et les bons morceaux !.. Le plaisir, voilà mon capitaine, mordious !... A quinze ans, comme je m'amusais tout juste dans les environs de Bordeaux, qué jé connaissais toutes les fillettes et toutes les piquettes, crac !... j'ai filé un beau matin, route de Paris... Paris, ce grandissime bazar où l'on tient dé la gaieté pour tout lé monde, cé paradis, où tout s'amuse, où tout chante !... Paris, cette grande caserne de la jeunesse, où le plaisir vous réveille avec son gros tambour... Paris! la patrie de l'Opéra pour les riches, et de Lisette pour les pauvres...j'y suis, et vous né voulez pas qué jé m'amuse!... Allons donc !... je suis gai à moi tout seul comme toute la Gascogne, j'arrose mon gosier avec du vin vieux, et mon cœur avec des amours. On m'aime, jé ris; on mé trompe, je ris; je ris toujours, vu qué j'ai pour moi madame la Fortune qui veille, et les cinq sous par jour de M. le Gouvernement.

TOUS, *riant.* Ah! ah! ah!

CADÉDIS. Allons, les enfants, faites flamber le punch ! (*Les soldats se mettent à fabriquer le punch.*)

PAPILLON. Es-tu heureux !... Avec ça que toutes les femmes courent après toi que c'est une vraie procession !... Oh! oui, que t'es-t-heureux !... (*A part.*) Ah! crédienne !... dire qu'à mon âge j'ignore encore... non, vrai, c'est humiliant !...

Air de *Julie.*

J'eus pour berceau le fond d'une guérite ;
J'ignore encor qui m'a donné le jour.
Je suis enfin et ce nom-là m'irrite
Ce qu'on appelle un enfant de l'amour.
Mais vainement aux femmes je veux plaire,
C'est vainement que je leur fais la cour;
Et moi, qui suis un enfant de l'amour,
    Je n'ai jamais connu mon père.

CADÉDIS. Le fait est que, quand tu m'approximes, tu perds à la comparaison !

PAPILLON. Oui... c'est navrant !... moi qu'aime tant les femmes !...

BOUTON-D'OR. V'là l' punch qui flambe !... En avant les gobelets !

TOUS, *tendant leurs verres.* Vivat !

CADÉDIS. Et voilà comme on passe gaiement la

nuit!... Oh! les soldats du guet!... en voilà un régiment crâne et coquet!... Il s'agit de le chanter en *verses*. Attention, mes petits, et chorus au refrain!... Le *Soldat du guet*, romance... paroles et musique du sergent Cadédis!...

Air nouveau de *M. Hervé.*

PREMIER COUPLET.

Aux Porcherons, chaque dimanche,
Le soldat du guet se déhanche,
Et sous les tonnelles en fleurs,
Avec des coups d'œil enchanteurs,
Faut voir, mordié! comme il attache
Les cœurs au croc de sa moustache.
 Mais au premier roulement
 Finit le sentiment.
 Pour Bellone, cré nom!
 Faut quitter le piéton (*bis*)
 Et monsieur Cupidon.
  Il est minuit,
 Pour voir si la ville,
 Si la ville est tranquille;
 Le guet marche sans bruit,
  Sans bruit.
  Il est minuit!
Mais, quand revient le jour,
Il marche au son du tambour
Mais, quand revient le jour,
A lui clairons et tambour.
 Ta ra ta ta, ra ta ta.
  Ta ta.

DEUXIÈME COUPLET.

Même air.

C'est notre ronde qui commence
A travers l'ombre et le silence.
Soldat du guet, marchez au pas,
Mais, là-bas, ne voyez-vous pas,..
On escalade une fenêtre...
C'est un voleur... un amant peut-être,
 Un amant qui, par là,
 Vient quand l'mari s'en va.
 En avant! l'arme au bras,
 Soldats, marchez au pas, (*bis*)
 Ça n'nous regarde pas...
  Il est minuit, etc.
   TOUS.
  Il est minuit, etc.

(*La nuit est venue peu à peu pendant le deuxième couplet.*)

TOUS. Bravo! du punch!

CADÉDIS. Oui... du punch!... Ah! bah!... (*Il prend un des saladiers et boit à même.*)

PAPILLON. Tu vas te griser!

CADÉDIS. Eh bien! je t'ordonne de te griser aussi, et simultanément... je suis ton sergent, clampin!

PAPILLON, *riant.* Tant pis... je vas me griser aussi, moi! (*Il boit.*)

BOUTON-D'OR. Ah çà! sergent, on n'y voit plus!

CADÉDIS. Tiens, c'est vrai!... Bouton-d'Or, bats le briquet et allume-nous ce flambeau!

BOUTON-D'OR. Oui, sergent!... Comme ça, nous passons la nuit ici?...

CADÉDIS. C'est-à-dire que vous allez faire une patrouille autour de ce château... moi, je reste céans avec mon ami Papillon, que je mets de planton à cette porte.

PAPILLON. J'aime assez ce poste-là!,

BOUTON-D'OR. V'là la lumière!

CADÉDIS. Pose-la sur cette table... Un dernier verre de punch, et en route!

TOUS. A votre santé, sergent! (*On trinque.*)

REPRISE DU CHŒUR.

(*Les soldats sortent.*)

SCÈNE XI.

CADÉDIS, PAPILLON.

CADÉDIS. Bois donc!

PAPILLON, *chancelant.* Je n'peux plus, sergent, j'ai ma suffisance.

CADÉDIS, *se versant toujours.* C'est si bon, l'ivresse!... on oublie.

PAPILLON. On oublie quoi?

CADÉDIS. On oublie ce qu'on a sur le cœur.

PAPILLON. T'as quelque chose sur le cœur, ma pauvre vieille?

CADÉDIS, *un peu gris.* Oui, j'ai un remords... Papillon!...

PAPILLON. Quoi?

CADÉDIS. J'ai un remords!...

PAPILLON. Moi, j'ai envie de dormir!...

CADÉDIS, *chancelant et s'appuyant sur Papillon.* Papillon!...

PAPILLON. De quoi?

CADÉDIS. Tu m'aimes, Papillon?

PAPILLON. Oh! oui, je t'aime, Cadédis!

CADÉDIS. Ma pauvre mère!...

PAPILLON. T'avais une mère, toi?

CADÉDIS. Oh! oui, et une bonne mère!

PAPILLON. Moi, j'en ai jamais eue; je suis un enfant des jeux de l'amour et du hasard... j'ai été découvert dans la guérite d'un factionnaire.

CADÉDIS. Oui, j'avais une mère, et je l'ai quittée... je l'ai abandonnée... parce que l'hiver, il faisait froid dans la chaumière de Thérèse, qu'il fallait travailler dur, et que j'étais un paresseux.

PAPILLON, *pleurant.* T'as abandonné l'auteur de tes journées, toi!...

CADÉDIS. Oui!

PAPILLON. Je t'aime... mais tu t'es conduit comme une canaille!

CADÉDIS. Je n'ai pas osé retourner au pays...

on m'appellerait Pascal Bernard le mauvais fils...
Et qui sait ?... la pauvre vieille, elle est peut-être
dans le pays des anges !... Oh ! à celui qui me
dirait : « Ta mère est vivante !... » à celui-là... je
donnerais ma vie !.,.

PAPILLON. Tu donnerais ta vie ?

CADÉDIS. C'est tout ce que j'ai sur moi.

PAPILLON. Tu donnerais ta vie ?...

CADÉDIS. Oh ! oui, je le jure !

PAPILLON. Alors, tu n'aimes donc pas ton
pauvre Papillon, qui t'aime comme s'il était ton
frère ou ton chien caniche.

CADÉDIS. Si... Donne-moi ta main et embrasse-
moi !

PAPILLON. C'est drôle, comme j'ai envie de dormir !

CADÉDIS. Dormir !... oui, tu as raison... mais
plaçons la table devant cette porte.

PAPILLON. Et nous sur la table, ça fait qu'on
n' passera pas sans nous réveiller.

CADÉDIS. Bonsoir, Papillon.

PAPILLON. Bonsoir, Cadédis... bonne nuit, ma
vieille.

CADÉDIS. Bonne nuit, mon pitioun ! (*Ils s'en-
dorment. — Musique à l'orchestre.*)

SCÈNE XII.

LES MÊMES, LUCIENNE.

(*La porte de droite s'ouvre doucement.—Lucienne
apparaît et marche sur la pointe du pied.
Elle s'approche du flambeau qui brûle près de
Cadédis, souffle sur la lumière qui s'éteint.—
Nuit complète.*)

CADÉDIS et PAPILLON, *réveillés, se lèvent subite-
ment.* Qui va là ?

LUCIENNE. Silence !... Pascal Bernard, ta mère...
ta mère est vivante !

CADÉDIS. Ma mère !...

LUCIENNE. Oui !... Sans moi, elle était morte...
et je viens te rappeler le serment que tu viens de
faire !

PAPILLON, *toujours assis.* Qu'est-ce qu'y dit ?
qu'est-ce qu'y dit ?

CADÉDIS. Qui es-tu ?

LUCIENNE. Lucienne de Fontanges ; et je veux
que tu sauves mon père, comme j'ai sauvé ta
mère.,..

CADÉDIS. Mais c'est ma vie que vous me demandez là.

LUCIENNE. Ne disais-tu pas tout à l'heure : « Ma
vie à celui qui me dira : Ta mère est vivante ! »

CADÉDIS. Oui, et j'ai juré... Mais qui me prou-
vera...

LUCIENNE. Pascal Bernard, rappelle-toi le château de Saint-André ; la jeune comtesse que vous
appeliez la Providence du pays... c'était moi...

Thérèse serait morte de misère et de chagrin...
c'est moi qui lui ai donné un asile au château ;
c'est moi qui ai obtenu ton pardon.

CADÉDIS. Mon pardon !

PAPILLON, *toujours sur sa chaise.* Ah çà ! est-
ce que je rêve ?

LUCIENNE. « Si vous retrouvez mon fils à Paris,
m'a-t-elle dit, qu'il sache que je lui pardonne,
et que mes bras lui seront toujours ouverts. »

CADÉDIS. Ma mère !... ma mère m'a pardonné...
ma mère vous a dit ?...

LUCIENNE. Devant Dieu, je te jure que je dis
vrai.

CADÉDIS. Partez !

LUCIENNE. Oh ! merci !... à mon tour, merci !

CADÉDIS. Partez !

PAPILLON. Mais, sergent...

CADÉDIS. Tais-toi !

LUCIENNE, *à la cantonade.* Venez... venez !

SCÈNE XIII.

LES MÊMES, LE COMTE, LE CHEVALIER, *tenant
des cordes à la main ;* BABIOLE, *tenant à la
main la cage du perroquet.*

LE CHEVALIER. Voilà les cordes... avez-vous
trouvé une fenêtre ?

LUCIENNE. Il n'en est plus besoin... laissez là
ces cordes et passez devant moi.

LE COMTE, *bas à sa fille.* Mais je crois voir des
uniformes...

LUCIENNE. Ne craignez rien... allez !

BABIOLE, *bas.* Ma sœur de lait, j'emporte votre
Jacquot.

LE CHEVALIER. Dieu ! que je suis donc fâché
d'avoir conspiré !

LE COMTE. Mais taisez-vous donc, chevalier !

LUCIENNE, *sur le point de sortir* (1). Merci, Pascal ! merci ! (*Toute cette scène, depuis l'entrée de
Lucienne, s'est jouée sur une musique douce à
l'orchestre. — Ici, tout bruit cesse.*

SCÈNE XIV.

PAPILLON, CADÉDIS. (*Moment de silence.*)

PAPILLON. Bien sûr, je rêve, j'ai le cauchemar...
Cadédis, pince-moi, mords-moi... fais-moi des
noirs !

CADÉDIS. Silence !... écoute ! (*Après un silence.*)
Oh ! c'est fini, les voilà sauvés !

PAPILLON. Oui, et nous sommes perdus, nous.
Comme sergent, tu seras fusillé ; et comme soldat,
je serai pendu !

1 P. C. L.
2 P. C.

CADÉDIS. Ah! mordious!... si nous filions aussi!...

PAPILLON. C'est une idée. Viens!

CADÉDIS, *trébuchant dans les cordes apportées par le chevalier.* Qu'est-ce que c'est que ça?

PAPILLON. Quoi, ça?

CADÉDIS. Des cordes.

PAPILLON. Des cordes!... est-ce que ce serait déjà celle qui doit me pendre?

CADÉDIS. Oh! quelle idée!... nous sommes sauvés.

PAPILLON. Comment?

CADÉDIS. Assieds-toi.

PAPILLON. Comment! au lieu de nous sauver...

CADÉDIS. Il s'agit bien... laisse-toi faire...

PAPILLON. Comment! le voilà qui m'attache sur ce fauteuil... il me garrotte... Cadédis, est-ce que tu deviens fou?

CADÉDIS. Tais-toi!

PAPILLON. Mais tu serres trop fort... tu me fais mal...

CADÉDIS. C'est pour ton bien... laisse-moi faire... Ah! maintenant, donne-moi ton mouchoir.

PAPILLON. Il est charmant, que je lui donne mon mouchoir... je n'ai plus de mains...

CADÉDIS. C'est juste... ah!... (*Il le lui prend dans sa poche*).

PAPILLON. Qu'est-ce qu'il fait? qu'est-ce qu'il fait? (*Cadédis le bâillonne.*) Comment!... tu me bâillonnes... tu me... me... (*La voix expire.*)

CADÉDIS. Allons, maintenant à mon tour... nos prisonniers doivent être loin... et je puis sans danger pour eux... Cette corde... comme si je venais de la briser... ce bâillon sur mes épaules... et ce fauteuil... c'est ça, j'ai brisé le fauteuil. (*Il se met à briser le fauteuil en appelant.*) Au secours!... à l'assassin!... à moi, soldats à moi!... (*Les soldats, avec des torches et des flambeaux, envahissent la scène.*)

BOUTON-D'OR. Qu'y a-t-il?

TOUS. Qu'y a-t-il?

CADÉDIS. Ce qu'il y a, mordious? il y a, que, le pistolet sur la gorge, on nous a garrottés, bâillonnés... Voyez, voyez ce malheureux Papillon!

LES SOLDATS, *allant détacher Papillon.* Ah!...

CADÉDIS. Mais la rage m'a donné des forces... j'ai brisé mes liens, j'ai brisé ce fauteuil...

PAPILLON. Je suis brisé!

CADÉDIS. Sang et mort!... les fugitifs ne peuvent être loin... Courez, camarades, volez... Aux armes!

TOUS, *allant chercher leurs armes.* Aux armes!

PAPILLON, *riant.* Bravo la gasconnade!... Ah! crédienne de sapristi!... nom d'une chopine! je ne serai pas pendu!

CADÉDIS, *riant.* Cadédis de mordious! je ne serai pas fusillé! (*Tumulte, désordre parmi les soldats. Cadédis avale du punch. Papillon éclate de rire. — Tableau*).

FIN DU PREMIER ACTE.

ACTE DEUXIÈME.

Un cabaret de Belleville. — Grand vitrage au fond avec portes, devant ce vitrage une tonnelle, portes latérales au premier plan, celle de droite donnant dans la chambre de Lucienne; celle de gauche dans la chambre de Babiole; un tonneau au milieu du théâtre; sur un pan de mur la cage et le perroquet du premier acte. — Trois mois après le premier acte.

SCÈNE PREMIÈRE.

BUVEURS, *attablés;* JEUNES FILLES ET JEUNES GENS, *dansant au fond, sous la tonnelle.*

CHŒUR.

Au cabaret du Pot-Cassé,
Quand la Margot nous a versé,
Chaque buveur, le verre en main,
Répète encore ce refrain :
    Du vin! (*bis*)
    Du vin! (*ter*)

UN BUVEUR. Holà, garçon!

PLUSIEURS BUVEURS, *quittant la table.* Garçon, du vin!

LE BUVEUR. Ah çà! est-ce qu'ils sont sourds dans ce cabaret? (*Tapant sur la table.*) Holà! garçon! garçon!

SCÈNE II.

LES MÊMES, LE CHEVALIER DE BOISSEC, *en garçon marchand de vin, portant des brocs et des bouteilles.*

LE CHEVALIER. Voilà! voilà!

LE BUVEUR. Allons donc, l'endormi!

LE CHEVALIER. Voilà! Monsieur, voilà!

LE BUVEUR. A-t-y l'air bête, c't' oiseau-là?

LE CHEVALIER. Je ne suis point un oiseau, Monsieur; je suis...

LE BUVEUR. Tu es?...

LE CHEVALIER. Garçon marchand de vin. (*A part, en s'éloignant.*) Moi! moi, garçon marchand...

DEUXIÈME BUVEUR. Une pinte!

TROISIÈME BUVEUR. Une chopine!

PLUSIEURS VOIX. Du vin! morbleu! du vin!

LE CHEVALIER. Voilà! voilà!

DE MORTREUIL (1). De la poésie bachique! Et peut-on le connaître, ce portrait enchanteur?

PAPILLON. Certainement! c'est une vrai miniature. Attention, les amis! et faites chorus pour faire valoir la chose.

RONDE.

Air nouveau de *M. Bariller.*

Savez-vous, mes amis,
Quelle est de ce pays
La plus forte en gueule
Et la vertu la moins bégueule?
C'est la grosse Margot... (*ter*)
Non, rien ne vaut
La Margot!

TOUS.

C'est la grosse Margot. (*ter*)

PREMIER COUPLET.

PAPILLON.

A cheval sur un tonneau,
Elle donne à boire à l'heure,
Et jamais, dans sa demeure,
Elle ne laisse entrer d'eau.
De son poste elle ne bouge.
Il faut la voir au logis;
Elle a des petits yeux gris
Qui louchent sur un gros nez rouge.

REPRISE.

Savez-vous, mes amis, etc.

DEUXIÈME COUPLET.

Le jour, à califourchon,
Elle verse le liquide,
Et, lorsque sa tonne est vide,
La nuit, elle couche au fond;
Mais son honneur est sans taches :
Elle nargue les amours,
Car les amants ont toujours
Reculé devant ses moustaches.

REPRISE.

Savez-vous, mes amis, etc.

TROISIÈME COUPLET.

A cheval sur son tonneau,
Et toujours des plus ingambes,
Elle nous montre ses jambes :
C'est un superbe tableau;
Car à mesurer les tailles
De ses mollets monstrueux,
Si ce n'était ses bas bleus,
On pourrait compter trois futailles !

LE CHEVALIER, *à part.* Si l'on peut chanter des machines comme ça.

REPRISE.

Savez-vous, etc.

<hr>

SCÈNE VI.

LES MÊMES, LUCIENNE, *costume coquet des femmes du peuple de l'époque.*

LUCIENNE, *entrant par le fond.* Qu'est-ce que j'entends là?

4 Bo. Ba. P. M. C. L.

TOUS. La bourgeoise!

CHAMILLARD, *aux seigneurs.* C'est elle!

LUCIENNE. Eh quoi! l'on célèbre ici les vertus de ma devancière... C'est un autre refrain qu'il faut chanter aujourd'hui.

RONDE.

Air nouveau de *M. Bariller.*

Vive la jeune Margot!
Sa clientelle
Nouvelle
En gaîté doit à Margot
Payer son écot!

TOUS.

Vive, etc.

LUCIENNE, *allant s'asseoir sur le tonneau.*

Assise sur le tonneau
Qu'illustra ma devancière,
Je puis verser de nouveau
Sans montrer ma jarretière.

REPRISE.

Vive la jeune, etc.

DE MORTREUIL. Elle est charmante !

LUCIENNE, *se levant.*

De coucher dans mon tonneau,
Vrai, je serais bien fâchée;
Sans avoir un lit très-beau,
Je puis être mieux couchée.

REPRISE.

Vive la jeune, etc.

LE CHEVALIER, *à part.* Et dire que j'ai failli épouser cette créature!

LUCIENNE.

J'ai le nez qu'on doit avoir,
Des yeux dont on s'amourache,
Et devez-vous m'en vouloir
Si je n'ai pas de moustache?

TOUS.

Vive la jeune Margot, etc.

DE LANGEAC. Elle est délicieuse !

DE MORTREUIL. Adorable !

CHAMILLARD. Quand je vous le disais...

LE CHEVALIER. Et dire que j'ai failli épouser cette créature !

PAPILLON. Saperlotte! Mamselle, on ne vous reconnaîtrait pas quand vous êtes venue, il y a trois mois, avec Babiole, remplacer ici madame vot' tante, vous étiez timide, vous rougissez; Babiole aussi rougissait; et moi aussi je rougissais de vous voir rougir... si bien que c'est en rougissant que j'ai dit à Babiole une foule de...

LUCIENNE. Babioles...

PAPILLON. Et que Cadédis, qui ne rougissait pas lui, vous a dit une autre foule de...

LUCIENNE. Sottises!

PAPILLON. Des sottises, Cadédis, lui, le plus espirituel du régiment... lui, qui vous aime autant que j'aime Babiole, c'est-à-dire comme il n'est pas possible d'aimer.

LUCIENNE. Ne parlons pas de ça... Pour ce qui est du changement qui s'est opéré en moi, c'est tout naturel, il faut bien hurler avec les loups ; quand je suis arrivée dans ce cabaret, je sortais de mon village, et, dame! les propos que j'entendais, ce bruit, ces cris, ce langage tout nouveau pour moi, ça m'étourdissait un peu... mais en trois mois, j'ai eu le temps de m'y faire, et aujourd'hui, je crois que je tiendrais tête à la Pigache elle-même.

PAPILLON. Oh! elle vous en veut crânement, la Pigache!

BABIOLE. Elle est encore venue faire une scène hier soir ; elle dit que vous lui enlevez toute ses pratiques.

LUCIENNE. Est-ce ma faute à moi si l'on préfère mon cabaret au sien? — Eh bien! qu'elle vienne quand je serai là, et vous verrez si j'ai ma langue dans ma poche.

TOUS. Très-bien! très-bien!

LE CHEVALIER, à part. Je trouve cette jeune fille populacière!

CHAMILLARD. Ah! ma foi, je n'y résiste plus (1).

Air des *Néréides.* (Laissez-moi.) 1er acte.

Moi qui suis
Un marquis,
Lorsque mon cœur est épris,
Franchement, je le dis,
Je t'aime, foi de marquis!
TOUS.
Qu'est-ce qu'y dit? *(bis)*
Est-c' qu'il a perdu l'esprit?
N' souffrons pas, mes amis,
Les insultes d'un marquis.
CHAMILLARD.
Je te parle avec franchise :
Dis un seul mot, et, de toi,
Je veux faire une marquise.
LUCIENNE.
Une marquise de moi?
DE MORTREUIL.
Si tu veux être baronne,
Parle, car je suis baron.
CHAMILLARD.
Foi de marquis, je te donne,
Ma main, mon cœur et mon nom.
LUCIENNE.
Deux maris à la fois!
LES SEIGNEURS.
Puisque je subis tes lois,
Tu ne peux refuser
De m'accorder un baiser.

ENSEMBLE.

LA FOULE.
Un baiser *(bis)*
Quand ils parlent d'épouser;

1 B. P. C. Lu. L. M.

Ce baiser *(bis)*
Vous devez le refuser.
LES SEIGNEURS.
Un baiser *(bis)*
Quand on parle d'épouser,
Un baiser *(bis)*
Ne doit pas se refuser.
LUCIENNE.
Un baiser *(bis)*
Non, je dois le refuser,
Au baiser *(bis)*
Je saurai bien m'opposer.

(*Pendant ce chœur, un grand mouvement s'est opéré; les seigneurs ont poursuivi Lucienne en faisant pirouetter les manants qui leur barraient le passage. — Le chevalier seul est resté impassible dans son coin.*)

PAPILLON.
Morbleu! je vais la défendre.

SCÈNE VII.

LES MÊMES, CADÉDIS.

CADÉDIS, *qui vient d'entrer, se plaçant entre les seigneurs et Lucienne.*
Halte-là, s'il vous plaît!
Quand on veut faire un esclandre,
Cela regarde le guet.

LES SEIGNEURS, *parlé.* Hein?
CADÉDIS.
Je protége la maitresse
De ce charmant cabaret.

LES SEIGNEURS. Toi?

CADÉDIS.
Je sais bien que la noblesse
Aime assez rosser le guet;
Mais jamais,
Je n' l'admets.
Messieurs, filez; s'il vous plaît,
Ou le guet
Rosserait
Ceux-là qui rossent le guet.
TOUS.
C'est parfait,
C'est bien fait!
Vive le sergent du guet!
Oui le guet
Rosserait
Ceux-là qui rossent le guet!

CHAMILLARD. Voyons, voyons, faut-il se fâcher pour une galanterie?

DE MORTREUIL. Quand nous ne demandions qu'un simple petit baiser.

CADÉDIS. Si vous voulez embrasser quelqu'un, embrassez la mariée.

PAPILLON. Du tout, je m'y oppose.

SCÈNE VIII.

Les mêmes, LA PIGACHE (1).

LA PIGACHE. Ah! enfin, la v'là donc!

TOUS. La Pigache!

LA PIGACHE. C'est donc toi, la belle demoiselle, qui viens jouer de la prunelle pour me souffler ma clientelle!

CADÉDIS. Ah çà! la Pigache...

LUCIENNE (2). Ne vous mêlez pas de ça, monsieur Cadédis, je vous le défends.

LA PIGACHE. Ah! tu l' fais taire, c' biau militaire!... pardine, v'là l'affaire... Mamselle n'a qu'à se montrer pour plaire, et l' sergent du guet s' laisse mener comme un benêt, y protége le cabaret de son objet.

CADÉDIS. La Pigache!

LA PIGACHE. Eh! ne crois-tu pas me faire peur, Monsieur la Valeur? Depuis que ce beau vainqueur a c' t'amour dans le cœur, faut que je ferme à neuf heures, quand c'te jeune fleur reste ouverte jusqu'à dix heures! Si c'est Dieu permis de s' compromettre ainsi pour une chipie qui n' veut pas d' lui; car c'tte belle mijaurée fait la sucrée, elle veut pas s' marier d' peur de s'encanailler! Jour du ciel! c'est pas là l'embarras, c'est peut-être la fille d'un sultan, car on ne la connaît ni d'Ève ni d'Adam!

PAPILLON, à part. En v'là zune qui pince de la littérature!...

LE CHEVALIER, bas, à Lucienne. Soyez canaille, où nous sommes perdus!

LA PIGACHE. Mais voyons donc, si t'as un nom, dis-le donc, que nous le sachions!... Faut-y te saluer chapeau bas, comme la favorite d'Ali-Baba la femme d'un nabab, ou la fille du marquis de Carabas?...

LUCIENNE. Mais voyez donc, quel jargon et quel mauvais ton!... Voyons, d' quoi qu' tu t' plains?... que mon cabaret est plein, et qu'on n' va plus dans l' tien?... qu'est-ce que j' peux faire à ça?... c'est la faute de tes appas... on irait si t'y étais pas!

TOUS. Bravo! bravo!

LUCIENNE. Mais voyez donc la Pigache, qui s' fâche parce qu'on s' m'arrache!... Si tous ceux que j'attache et que j'amourache t' passent devant la moustache, y faut que tu saches que c'est parce que tu rabâches et que tu t'harnaches comme une ganache, mame Pigache!

Air : *Dans Taconnet, au 1ᵉʳ acte.* (Variétés.)

Jour du ciel! tu me réponds!

LUCIENNE.

J' te répondrai sur tous les tons.

PIGACHE.

J' te ferai taire, j' t'en réponds!

1 T. B. P. L. Pig. C. M. L. C.
2 Pig. L.

LUCIENNE.

Je crois que ça n' s'ra pas facile;
On m' connaît à Belleville,
Et même les plus grands esprits
N'ont jamais pu, dans le pays,
Rien répondre à ce que je dis.

CHŒUR.

Bravo! nous nous amusons;
Jeunes filles, jeunes garçons,
C'est ici qu'on prend des leçons.
Dans ce langage difficile,
On s'instruit à Belleville.
Margot a cent fois plus d'esprit,
Et l'on ne peut, sans contredit,
Rien répondre à ce qu'elle dit.

(*La Pigache sort.*)

CHAMILLARD, aux seigneurs. Suivons la Pigache!... elle est furieuse, et par elle nous pourrons apprendre bien des choses.

DE MORTREUIL. Marquis, je suis fou de cette petite femme-là!

CHAMILLARD. Et moi donc!... (*Ils sortent.*)

LE CHEVALIER, entrant. Monsieur Papillon, la table est servie!

PAPILLON. A table! (*Présentant la main à Lucienne.*) Voudriez-vous me faire l'honneur?...

LUCIENNE. Eh bien! la maison, qu'est-ce qui la garderait?... J'irai vous rejoindre... qu'on se mette à table sans moi!

CADÉDIS. Elle reste, je reste!

PAPILLON. En ce cas, Cadédis, offre ton bras à la mariée...

CADÉDIS. Volontiers!

PAPILLON, donnant le bras à une commère. Et maintenant, qui m'aime me suive!

REPRISE DU CHŒUR D'ENTRÉE.

Gai, gai, etc.

(*Sortie.*)

SCÈNE IX.

LUCIENNE, LE CHEVALIER.

LUCIENNE, seule un moment. Ah! j'avais besoin d'être seule!... Tant d'émotions... tant d'aventures!... il y a des moments où je crois rêver!... On m'appelait une lionne, au château de Saint-André, et souvent, moi-même, j'étais surprise de mon courage!... mais, vrai Dieu! je ne me connaissais pas encore!... Je ne sais ce que j'éprouve; il y a dans ma vie nouvelle, dans les dangers même que je cours ici, un charme... oh! je crains de comprendre... Pauvre Pascal!... comme il m'aime!... quel excellent cœur!... Oh! moi, moi, Lucienne, moi, la fille du comte de Fontanges, je suis folle!...

LE CHEVALIER. Ah!

LUCIENNE, vivement. Ah! mon Dieu!

LE CHEVALIER. Quoi donc?

LUCIENNE. Vous m'avez fait peur!

LE CHEVALIER. S'il est possible de m'effrayer comme ça!..

LUCIENNE. Qu'avez-vous à me dire?

LE CHEVALIER. Moi? rien!

LUCIENNE. Comment, rien?

LE CHEVALIER. C'est vous qui devez avoir à me dire quelque chose.

LUCIENNE. Quoi donc?

LE CHEVALIER. Comment, vous ne m'apportez pas de nouvelles?

LUCIENNE. Aucune!

LE CHEVALIER. Mais c'est affreux!... Je pouvais gagner la frontière, fuir à l'étranger... vous ne l'avez pas voulu...

LUCIENNE. Moi, je vous ai dit: « Partez, mais je reste! » Me sauver, vivre tranquille dans l'exil!... quand mon père se cache à Paris... quand ses jours peuvent être mis en danger... non, non!... Grâce à la parenté de Babiole, cette maison nous offre un refuge assuré... personne ici ne nous soupçonne, aucun danger ne nous y menace, et j'y resterai jusqu'à la délivrance de mon père... car, je l'ai juré, s'il tombe au pouvoir de ses ennemis, je partagerai son sort..

LE CHEVALIER. Et nous serons tous perdus... ah! que ce sera donc bien fait!...

Air : Henri quatre en famille.

> J'avais un rang, des titres, un manoir,
>   Et, dans un étrange délire,
>   Moi qui devais tout au pouvoir,
> Contre ce pouvoir même, il faut que je conspire;
>   Est-on plus sot, plus sot et plus ingrat.
>   Hélas! je ne me doutais guères,
>   En me mêlant des affaires d'État,
>   Que j'embrouillais l'état de mes affaires.

LUCIENNE. Pour Dieu! chevalier... (Voyant entrer Cadédis, et changeant de ton.) Eh bien! que faites-vous là?... Mais allez donc servir à table!

LE CHEVALIER. Hein?

LUCIENNE. On doit avoir besoin de vous!... Faites mieux votre besogne, ou je vous chasse!

LE CHEVALIER. Me chasser!... (Apercevant Cadédis.) Ah! bon! oui, très-bien!... j'y vas!... (Sortant, et à part.) Ah! pourquoi ai-je conspiré!

SCÈNE X.

LUCIENNE, CADÉDIS.

CADÉDIS, qui vient d'entrer. Maintenant, à nous deux!

LUCIENNE, feignant de l'apercevoir seulement. Monsieur Cadédis!

CADÉDIS. Ne vous dérangez pas, Mademoiselle!

LUCIENNE. Quoi! vous n'êtes pas à table!...

CADÉDIS. Je le voudrais... mais il y a longtemps que je ne mange plus!

LUCIENNE. Que vous ne mangez plus?

CADÉDIS. Et comme je le regrette, ça me contrarie de voir manger les autres.

LUCIENNE. C'est une plaisanterie... on remarquera votre absence, et...

CADÉDIS. N'ayez pas peur!... J'ai dit que le service m'appelait à la caserne... et puis, ils sont heureux là-bas, et les gens heureux ne pensent guère à ceux qui ont des amertumes.

LUCIENNE, allant prendre un registre dans une armoire. Mais je voulais être seule; j'ai à travailler.

CADÉDIS. Je ne vous en empêche pas... Je marche, je me promène... Si ça vous contrarie, je ne soufflerai plus mot.

LUCIENNE. Vous m'obligerez beaucoup; j'ai des comptes à faire, et je ne veux pas être distraite. (Elle va se mettre à une table sur laquelle elle place le registre.)

CADÉDIS, à part. Oh! je te forcerai bien à me parler! (Apercevant une bouteille pleine restée sur la table des seigneurs.) Justement, voilà mon affaire!... (Il va s'asseoir à la table, prend la bouteille, verse dans un verre qu'il rince avec le vin, puis il vide le verre et le remplit de nouveau.)

LUCIENNE, à part. Il veut boire... encore!... oh! non!... (Haut.) Il paraît que si vous n'avez plus d'appétit, vous avez toujours soif!

CADÉDIS. Non! mais le vin, ça étourdit... Que voulez-vous, chacun se console à sa manière.

LUCIENNE. C'est vrai, et vous devez bien regretter ma devancière?

CADÉDIS. Pourquoi?

LUCIENNE. De son temps, vous ne deviez pas être souvent affligé... une femme qui donnait à boire à l'heure!...

CADÉDIS, après avoir jeté le verre qu'il venait de remplir. Ce n'est pas généreux, Mademoiselle...

LUCIENNE. Qu'est-ce qui n'est pas généreux?

CADÉDIS. Quand on n'aime pas les gens, pourquoi s'occuper de leurs défauts?...

LUCIENNE. Mais taisez-vous donc!... vous me faites tromper!

CADÉDIS. Mais enfin, mordious! parlons donc une bonne fois à cœur ouvert!... Il y a trois mois qu'un matin, j'entre dans ce cabaret avec mon ami Papillon.. — Holà! quelqu'un! garçon!... — Tout à coup, je vous vois apparaître... Personne ne vous connaissait; vous arriviez de votre village avec une jeune fille qui vous accompagnait... En trois mois, Papillon se fait aimer d'elle, il l'épouse!... Moi, je me dis: De cabaretière à sergent du guet, il n'y a que la main; et quand je crois vous faire une surprise, quand je vous dis : « Papillon se marie, nous ferons les deux noces le même jour, » vous me regardez

avec étonnement... vous me dites que vous ne
voulez pas vous marier... Pourquoi, sandious?...
est-ce parce que vous ne m'aimez pas?... est-ce
parce que vous en aimez un autre?... Si c'est
cela, dites-le!.. Je comprends qu'on assassine un
homme d'un coup de poignard, je ne comprends
pas qu'on le tue à coups d'épingle!...

LUCIENNE. Je ne veux tuer personne, je n'aime
personne, et je ne veux épouser personne.

CADÉDIS, *tirant de sa poche une pipe et un bri-*
quet. Oh! mordious!

LUCIENNE. Ne jurez pas, et laissez-moi travailler... On va m'appeler tout à l'heure, et je n'aurai
rien fait. (*On la voit s'occuper de différents soins
de ménage; elle fait ses comptes, elle plie des ser-
viettes, elle range le cabaret. Cadédis bat le briquet et marche de long en large. Tout cela se fait
en silence, sans que Lucienne s'occupe de ce que
fait Cadédis, qui finit par allumer sa pipe et fumer en piétinant.*)

LUCIENNE, *toussant.* Hum! hum!

CADÉDIS, *à part.* Oui, tousse, va, tousse!...
c'est le bon Dieu qui te punit!

LUCIENNE, *toussant plus fort.* Hum! hum!

CADÉDIS, *à part.* Eh! mais non, ce n'est pas le
bon Dieu... c'est ma pipe!...

LUCIENNE. Ah! quel nuage!... ah! pouah! (*Elle
fait mine de s'en aller; Cadédis brise sa pipe en la
jetant à terre.*)

LUCIENNE, *s'arrêtant et à part.* Pauvre garçon!...

CADÉDIS. Je ne puis ni boire, ni fumer, ni faire
l'amour!... Ah! sandious de cape-de-bious! je
suis très-malheureux, savez-vous?

LUCIENNE, *qui, pendant la dernière phrase, est
allée prendre un écheveau de fil.* Allons, bon!...
encore embrouillé!

CADÉDIS. Qu'est-ce qu'elle embrouille?

LUCIENNE. Monsieur Cadédis!

CADÉDIS. Mademoiselle!

LUCIENNE. Voulez-vous me rendre un service?

CADÉDIS. Celui de m'en aller?

LUCIENNE. Au contraire! Voulez-vous me tenir
mon écheveau?

CADÉDIS. Ah! que je vous serve de dévidoir!...
et pourquoi pas, sandious! Autrefois, Mademoiselle, j'étais un homme, un buveur, un fumeur,
un ferrailleur; aujourd'hui je suis un dévidoir,
et cape-de-bious! Hercule a bien filé aux pieds
d'Omphale, tous les grands hommes sont obligés
d'en venir là.

LUCIENNE, *qui a placé l'écheveau entre ses
mains.* Ah! mon Dieu, que vous êtes bavard! —
Tenez donc mieux vos bras!

CADÉDIS.

Air : *Cependant, je doute encore.*
Je n' connais pas c't exercice.

LUCIENNE.
Mon Dieu! que vous êtes grand!

CADÉDIS, *à genoux.*
Attendez que je m' rapp'tisse.

LUCIENNE.
Que faites-vous?

CADÉDIS.
  Ça se comprend,
Je suis trop grand, tout le prouve;
D'ailleurs, je suis près de vous,
Et près des ang's quand on s' trouve,
C'est malgré soi qu'on éprouve
Le besoin d' s' mettre à g'noux.

LUCIENNE.

DEUXIÈME COUPLET.

Du moins, tenez-vous tranquille;
Par pitié! ne bougez pas.

CADÉDIS.
Je reste fixe, immobile.

LUCIENNE.
Mais écartez donc vos bras...

CADÉDIS.
Je l' voudrais, car j' vous approuve;
Mais tous mes efforts sont vains
Auprès d'un ang' quand on s' trouve,
C'est malgré soi qu'on éprouve
Le besoin d' joindre les mains.

LUCIENNE. Bon! voilà tout mon fil embrouillé.

CADÉDIS, *avec chaleur, et embrouillant le fil
autour de ses bras avec grands gestes.* Eh! qu'importe cette vétille, je suis à vos genoux!... J'y resterai toute ma vie... toutes les puissances du
monde...

SCÈNE XI.

LES MÊMES, BABIOLE, *entrant* (1).

BABIOLE. Qu'est-ce que je vois là?

CADÉDIS, *se relevant.* Ah! sandious! que le
diable l'emporte!

LUCIENNE. S'il est possible de mettre un écheveau de fil dans cet état-là?

BABIOLE. Monsieur Cadédis, mon mari vous dé-
mande, il a besoin de vous parler.

CADÉDIS. Son mari!... dire que ce gros Papillon
a une femme, et que moi...

BABIOLE. Eh bien! est-ce que vous ne m'avez
pas entendue?

CADÉDIS. Si fait, je m'échappe; et quant à vous,
Mademoiselle, s'il arrive un malheur, vous en
répondrez... vous ne savez pas ce que c'est que

d'avoir un sergent du guet sur la conscience!

BABIOLE. Eh bien?

CADÉDIS. Je m'échappe. (*Il sort.*)

SCÈNE XII.

LUCIENNE, BABIOLE ; *ensuite* LE CHEVALIER.

BABIOLE, *à Lucienne.* Enfin le voilà parti! Un domestique du vicomte d'Eparny vient de me faire demander, et m'a remis cette lettre pour vous.

LUCIENNE. Pour moi!... (*Regardant la lettre.*) Une lettre de mon père!

BABIOLE. Silence!

LUCIENNE, *lisant.* « Ma chère Lucienne, je suis « caché dans le grenier du vicomte d'Eparny. Le « vicomte m'assure que tu es en sûreté, dans une « maison convenable. » (*S'interrompant.*) Pauvre père!... Ah! le vicomte est un noble cœur... il a gardé notre secret. (*Lisant.*) « Je t'en supplie, ne te « montre pas, car si j'apprenais que tu es arrêtée, « je me livrerais à l'instant même, d'autant plus « que je m'ennuie beaucoup dans le grenier du vi-« comte d'Eparny. » Oh! je le connais... il le ferait comme il le dit!...

LE CHEVALIER, *entrant dans le plus grand désordre, et venant tomber sur un siége*) (1). Nous sommes perdus!

BABIOLE ET LUCIENNE. Perdus... comment?

LE CHEVALIER. On va venir nous arrêter!

BABIOLE ET LUCIENNE (2). O ciel!

LE CHEVALIER. Ah! pourquoi ai-je conspiré, grand Dieu! Ah! voilà que je reflageole! (*Il tombe assis sur une chaise que lui apporte Babiole*).

BABIOLE. Expliquez-vous?

LE CHEVALIER. Ce matin, j'ai été reconnu ici même par de nobles seigneurs, mes anciens amis... ils m'ont reconnu à la noblesse de mes manières... à l'élégance...

LUCIENNE, *l'interrompant.* Et ce sont eux?...

LE CHEVALIER. Attendez donc... Furieux de votre sauvagerie, car vous avez été d'une sauvagerie avec ces nobles seigneurs! ils ont suivi la Pigache, ils l'ont interrogée; la Pigache leur a dit que nous étions des inconnus. De leur côté, les seigneurs lui ont dit qu'ils avaient reconnu dans mes nobles traits un chevalier de leur connaissance. Sur ce mot de chevalier, la Pigache a sauté au plafond... (*Se levant.*) « Voilà donc pourquoi elle ne veut pas épouser le sergent du guet! c'est la belle demoiselle que l'on poursuit, et je n'ai pas

deviné cela plus tôt!... » Alors elle est allée crier partout que vous êtes madame de Fontanges...

LUCIENNE. Grand Dieu!

LE CHEVALIER. Que j'étais, moi, le chevalier de Boissec ; et comme la police est à nos trousses, on va m'arrêter en garçon marchand de vin... Ah! mes aïeux vont être bien humiliés!

LUCIENNE. Et mon père qui m'écrit que si je suis arrêtée, il se livrera...

BABIOLE. Que faire?... que devenir?...

LE CHEVALIER. Ah!

BABIOLE ET LUCIENNE. Quoi donc?

LE CHEVALIER. Nous sommes sauvés!

LUCIENNE. Sauvés.

BABIOLE. Comment?

LE CHEVALIER. On ne vous soupçonne que parce que vous avez refusé le sergent du guet...

BABIOLE ET LUCIENNE. Eh bien?

LE CHEVALIER. Épousez-le, on ne vous soupçonnera plus!

LUCIENNE. C'est vous qui me donnez ce conseil...

LE CHEVALIER. Trop tard malheureusement... trop tard!...

LUCIENNE. Peut-être!

SCÈNE XIII.

LES MÊMES, CADÉDIS (1).

CADÉDIS. On va servir le dessert, et l'on réclame la mariée et la maîtresse de la maison.

LUCIENNE. Monsieur Cadédis, deux mots.

CADÉDIS. Deux mots en particulier! ça me va.

BABIOLE. Quel est son projet?

LE CHEVALIER. Je vais me déguiser en gendarme!

CADÉDIS, *à Lucienne, qui l'a emmené à droite pour lui parler bas.* Mordious! qu'est-ce que j'entends là?

LUCIENNE. Dans cinq minutes, ici... vous m'avez entendu.

CADÉDIS. Quoi?... vrai?... parole d'honneur?...

LUCIENNE, *le poussant* (2). Mais allez donc!

CADÉDIS. Ah! sandis! cape-de-bious! je n'ai plus de jambes, non, mais je trouverai des ailes! (*Rencontrant Babiole et la faisant tourner dans ses bras.*) Ah! chère Babiole, dites à Papillon que je suis le plus heureux des hommes. (*Rencontrant le chevalier qui s'apprêtait à sortir et le faisant pirouetter* (3). Place donc, mordious! (*Sortant*).

A la Monaco,
L'on chasse et l'on déchasse, etc.

1 L. Bo. Ba.
2 Ba. Bo. L.

1 Bo. Ba. L. C.
2 Ba. C. Bo. L.
3 Bo. Ba. C. L.

SCÈNE XIV.

LUCIENNE, BABIOLE, LE CHEVALIER.

LE CHEVALIER, *parlant de Cadédis.* Dieu! quelle frayeur!... j'ai cru qu'il m'arrêtait !

LUCIENNE. Qu'ai-je fait !... ah! c'est indigne!... le tromper, le trahir, lui, si bon... lui qui m'aime tant... non, ce serait affreux!

BABIOLE. Mon Dieu! je suis toute tremblante !

LE CHEVALIER. Si du moins j'avais une cachette...

LUCIENNE. Et pourtant on m'arrêtera, et si mon père se livre, pour lui, c'est l'exil, la prison, c'est la mort peut-être ! (*Bruit au dehors.*)

BABIOLE. Mamselle... on vient... c'est la Pigache !

LE CHEVALIER. Ah! je reflageole! je ne fais que cela...

BABIOLE. Que de monde... c'est une émeute!

LUCIENNE, *résolûment.* Ah! au petit bonheur, et que Dieu décide !

LE CHEVALIER. Les voilà... (*Allant se mettre sous une table.*) Mânes de mes aïeux, veillez sur moi! (*Bruit au dehors.*) On vient... Que Dieu nous protége...

SCÈNE XV.

LUCIENNE, LA PIGACHE, Hommes et Femmes.
(*On entre en tumulte, La Pigache en apercevant Lucienne, fait arrêter tout le monde.*)

LE CHOEUR.

Air : *Rondeau de la Rosière de Verneuil.*

PREMIER COUPLET.

Messieurs, la voilà!
Cherchons à la reconnaître.

LA PIGACHE.

Cette femme-là
N'est pas ce qu'elle semble être.

LE CHOEUR.

Voyez sa belle figure,
Voyez sa noble tournure!
Même sa simple parure,
Prend sur elle un air coquet;

LA PIGACHE.

C'est peut-être une comtesse;
C'est peut-être une duchesse;
C'est peut-être une princesse;
On ne sait pas trop ce que c'est ! (*bis*)

DEUXIÈME COUPLET.

Tu me le paieras.

LUCIENNE.

Dites votre prix, Madame.

LA PIGACHE.

Tu t' repentiras!

LUCIENNE.

Le r'pentir est d'un' belle âme.

LA PIGACHE.

Tremble, car je vais tout dire...

LUCIENNE.

Tout ce qu'on dit me fait rire...

LE CHOEUR.

Achevez de nous instruire :
Que veut dire tout ceci?

SCÈNE XVI.

LES MÊMES, PAPILLON, BABIOLE, *toute la noce;* LE CHEVALIER; *ensuite* CADÉDIS, *suivi d'un notaire.*

CHOEUR GÉNÉRAL.

LA NOCE.

Quel est ce bruit effroyable,
Ce vacarme épouvantable
Qui nous fait quitter la table?...
Oh! la Pigache est ici!

LA PIGACHE.

C'est affreux! abominable!
C'est un scandale effroyable !
Pour démasquer la coupable,
Exprès je suis venue ici.

LUCIENNE.

Quand cette femme adorable
Se met à faire le diable,
Quel vacarme épouvantable!
On ne peut plus s'entendre ici.

PAPILLON, *un peu en ribote.* Voyons, qu'est-ce que c'est encore?

LA PIGACHE. Ce que c'est... c'est qu'on nous trompe, et que, sans nous en douter, nous sommes peut-être au milieu de conspirateurs ou d'espions.

TOUS. Des espions!

PAPILLON. Allons, bon! v'là autre chose!

LA PIGACHE. Oui, car ici se cache un chevalier, un vrai chevalier, sous les traits d'un simple garçon marchand de vin !

LE CHEVALIER, *sous une table.* Oh! je me sens bien mal !

TOUS. Un chevalier?

LA PIGACHE. Or, si le garçon est un chevalier, qu'est-ce que peut-être la maîtresse?

LUCIENNE. Au moins, une reine !

LA PIGACHE. Souvenez-vous que personne ne la connaît... souvenez-vous qu'elle a refusé la main du sergent Cadédis.

CADÉDIS, *qui vient d'entrer.* Qui ça?... qui est-ce qui a refusé la main du sergent Cadédis?

LA PIGACHE. Qui?... cette mijaurée, cette princesse !

CADÉDIS. Vous ne savez pas ce que vous dites, ma brave femme... Approchez, monsieur le notaire.

TOUS. Un notaire!

MORCEAU.

Air nouveau de *M. Bariller.*

CADÉDIS.

Eh! mais, ou placer le notaire?

LUCIENNE.
A défaut de secrétaire,
A défaut de bureau,
Nous signerons sur mon tonneau !
PAPILLON.
Mais pourquoi ce notaire,
Et quel est ce contrat nouveau?
LUCIENNE.
Il faut que tout mystère cesse...
Apprenez donc un grand secret :
Moi, baronne ou comtesse,
Moi, duchesse ou princesse,
J'épouse le sergent du guet !
PAPILLON (1).
Ah! qu'est-c' que j'apprends là!
Vive cet hymen-là !
CHŒUR.
Quelle aventure étrange!
A cette annonce-là
Déjà la scène change...
Que veut dire cela?
PAPILLON.
Lisons-nous le contrat?
CADÉDIS.
Le lire, pourquoi faire?
Signons-le, ça vaut mieux.
LA PIGACHE, à part.
J'étouffe de colère!
PAPILLON.
A la future à signer la première.
LA PIGACHE.
Voyez son trouble et sa paleur !

1 L. C.

BABIOLE.
On vous observe...
LA PIGACHE.
Elle tremble! elle a peur!
LUCIENNE.
Peur! vertu-Dieu ! vous vous trompez, ma chère!
(Signant.)
Margot Tiquet... A votre tour...
CADÉDIS, prenant la plume et signant avec joie.
J'y suis.
Pascal Bernard, surnommé Cadédis!
LUCIENNE, à part.
Il m'adore et je le trahis...
CADÉDIS.
Je crois rêver; pincez-moi, mes amis !..
Pincez-moi fort !
PAPILLON.
Non, sur mon âme,
Le bal là-bas va commencer,
Et c'est avec ta jeune femme
Un rigodon qu'il faut pincer.
Quand le tambourin nous appelle,
Quand le crin-crin
Se met en train,
Partons avec la ritournelle,
Et ne pinçons
Qu' des rigodons.
REPRISE.
Quand le tambourin, etc.
(Danse, etc.)

FIN DU DEUXIÈME ACTE.

ACTE TROISIÈME.

Le théâtre représente un riche salon chez le comte, à Paris. — A l'avant-scène, une fenêtre donnant sur un jardin; deux portes latérales au second plan; porte au fond.

SCÈNE PREMIÈRE.

LE COMTE, CHAMILLARD, MORTREUIL, DE LANGEAC.

LE COMTE (1). Oui, mes amis, c'est ainsi que les choses se sont passées.

CHAMILLARD. En vérité?

LE COMTE. Je n'ai pas quitté Paris, j'y suis resté malgré ce bélître de Dubois. Il est vrai que j'habitais un grenier, et que je m'y ennuyais beaucoup. Mais le plus joli, c'est que le chevalier, que je croyais en exil, a passé tout ce temps d'orage, devinez où...

TOUS. Ou donc ?

LE COMTE. Chez une danseuse de l'Opéra.

TOUS. Bah !

LE COMTE. Oui, bien tranquillement; pendant que j'étais dans mon grenier, il folâtrait dans un boudoir... C'est comme ma fille; je lui avais dit : Gagne la frontière, sauve-toi... Ah bien oui! elle n'a pas quitté les environs de Paris; elle avait loué une maison de campagne, une villa charmante, où elle se faisait appeler la baronne de Néris; et cet imbécile de Dubois, qui avait mis tous ses limiers à nos trousses, ne s'est douté de rien ; il nous a laissé nous moquer de lui pendant six mois... On n'est pas plus bête que ce faquin-là.

CHAMILLARD, à Mortreuil. Pauvre comte !

MORTREUIL (1). Il ne sait rien, tant mieux ! (Au comte.) Enfin, cher comte, l'orage est passé; le mariage de notre jeune roi, et sa majorité, qui met un terme à la Régence, vous a délivré fort à propos.

1 M. le C. C. L.   1 M. C. L. le C.

LE COMTE. C'est vrai.

Air de *Julie.*

Et cependant, voyez mon inconstance,
Lorsque je songe aux plaisirs d'autrefois,
    Oui, je regrette la Régence...
    Je regrette jusqu'à Dubois !
C'est un bélître, un faquin plein d'audace ;
Mais il me manque, et, si je m'en croyais,
    Je crois que je conspirerais
    Pour qu'on le remît à sa place...

DE MORTREUIL. Ah ! cher comte, c'est pousser trop loin l'esprit d'opposition.

LE COMTE. Excellent esprit, Messieurs, qui ne m'a jamais fait faire que des sottises ; et quoi de meilleur que les sottises ? Qu'est-ce que la vie raisonnable, je vous le demande ?... une suite continuelle de plaisirs monotones et de chagrins vulgaires. Moi, je n'aime rien faire comme les autres ; je veux tout ce qu'on ne veut pas ; je déteste tout ce qu'on aime, et j'aime tout ce qu'on déteste. Tenez, par exemple, ma fille déteste le chevalier. Eh bien ! moi, je l'adore, surtout depuis son séjour chez la sauteuse : aussi, je tiens plus que jamais à lui faire épouser ma fille, et nous signons aujourd'hui même leur contrat de mariage.

CHAMILLARD. Eh quoi ! vous persistez ?

DE MORTREUIL. Malgré le refus de la charmante comtesse...

LE COMTE. Je suis Breton, Messieurs, et quand j'ai mis quelque chose là, il n'y a pas de puissance, pas d'ange, pas de diable qui puisse m'en faire démordre... Mais qui vient là ?

SCÈNE II.

LES MÊMES, BABIOLE.

BABIOLE, *qui vient d'entrer.* Ah ! pardon, monsieur le comte... (*Fausse sortie.*)

LE COMTE (1). Eh non ! petite, reste donc. Où est ta maîtresse ?

BABIOLE. Elle est sortie ce matin à cheval.

LE COMTE. Ah ! c'est elle qui caracolait ce matin ?

BABIOLE. Ça doit être elle ; depuis quelque temps Mamselle est toujours à caracoler.

LE COMTE. Charmante enfant ! elle tient de son père... et cet imbécile de chevalier qui, au lieu de la suivre à travers champs... Ah çà ! mais que fait-il donc ? Onze heures ! il devrait être ici. Si nous allions au devant de lui, Messieurs ?

CHAMILLARD. Volontiers.

LE COMTE. Chemin faisant, je vous conterai une nouvelle chronique de l'Œil-de-Bœuf. (*Sortant avec les seigneurs.*) Le duc de Fronsac est sorti de la Bastille.

1 M. le C. B. C.

TOUS. Ah !

LE COMTE. Oui, Messieurs, et l'on disait hier... (*Sortant de scène.*) au petit lever, que la vicomtesse de Châteauneuf... (*La voix se perd dans l'éloignement.*)

SCÈNE III.

BABIOLE, *seule.* Plus souvent que mademoiselle Lucienne épousera cet imbécile de chevalier de Boissec ! Oh ! y a des jours où je crois que je rêve... Mon pauvre Papillon, qu'est-ce qu'il sera devenu ?

LUCIENNE, *en dehors.* Germain, prévenez mon père que je suis de retour.

BABIOLE. Ah ! v'là Mamselle... Dire qu'elle a l'cœur de s'amuser... ah ! c'est pas moi qu'aurais ce courage-là.

SCÈNE IV.

BABIOLE, LUCIENNE.

LUCIENNE, *en amazone.* Je rentre à temps. Il fait une poussière... c'est un orage qui se prépare.

BABIOLE. Bonjour, ma sœur de lait.

LUCIENNE (1). Bonjour. (*Se laissant tomber sur un siége.*) Ah ! que je m'ennuie !

BABIOLE, *à part.* Tiens, moi qui lui reprochais de s'amuser... (*Haut.*) Mamselle, est-ce que par hasard vous penseriez...

LUCIENNE. Chut !

BABIOLE. Il n'y a personne. Ah ! c'est que moi, voyez-vous, j'y pense toujours... Qu'est-ce qu'ils auront dit après notre départ ? Deux femmes quitter leurs maris, le jour même de la noce... c'était bien la peine...

LUCIENNE. Pauvre Pascal Bernard !

BABIOLE. Pauvre Papillon ! v'là un gros homme que je regrette ! et les avoir quittés...

LUCIENNE. Je le devais à l'honneur de mon père, au nom que je porte ; mais toi, pourquoi m'as-tu suivie ?

BABIOLE. Ah ben ! si j'avais dit à Papillon que je vous avais aidée à tromper son ami, c'est ça qui m'aurait fait faire bon ménage... oh ! non, j'ai bien compris tout de suite que je ne pouvais pas rester !

LUCIENNE. Pauvre Babiole !...

BABIOLE. Et bien mieux, je ne peux pas sortir, je ne peux pas rencontrer un soldat sans frissonner de la tête aux pieds... s'ils allaient nous reconnaître ?

1 L. B.

LUCIENNE, *vivement*. Il faudrait les éviter... détourner la tête... nous sauver !

BABIOLE. Mais s'ils nous poursuivaient? s'ils nous parlaient?

LUCIENNE. Il faudrait nier... Pense au scandale ! à la honte de mon père !

BABIOLE. Nier... ce serait difficile.

LUCIENNE. D'ailleurs, je connais un moyen... moyen désespéré... il est vrai, mais j'y suis bien décidée. Je quitterai Paris... et pour que mon malheur soit bien réel, pour que tout soit bien fini, j'épouserai le chevalier de Boissec.

BABIOLE. Qu'est-ce que j'entends là?

LUCIENNE. Ce mariage fera mon désespoir, et Pascal Bernard sera vengé... N'est-ce pas affreux, n'est-ce pas indigne ! un brave soldat sauve mon père au péril de sa vie; je le retrouve dans un cabaret, et là, il m'aime, il me protége encore; j'ai besoin de son nom, il me le donne; et parce qu'il s'appelle Pascal Bernard, ce nom je ne puis le garder; il faut que je fuie cet homme, que je devienne ingrate, perfide!... il faut que j'épouse un chevalier, parce qu'il porte la sottise, la laideur et le ridicule sur champ d'azur ou champ de gueule avec cimier d'argent ou lion d'or !.., Ah! c'est à faire pitié!

BABIOLE (1). Si vous l'épousez, Mamselle, je sens que je vais encore plus le haïr, moi... cet imbécile de chevalier !

LE CHEVALIER, *entrant*. Me voilà... me voilà...

SCÈNE V.

LES MÊMES, LE CHEVALIER (2).

BABIOLE. Il arrive bien !

LE CHEVALIER. Bonjour, belle cousine; mon cœur se jette à vos pieds. J'arrive de chez le notaire, et j'ai sur moi le contrat, que nous ne signerons pas sur un tonneau, palsambleu !... Ah! ah! ah! vous rappelez-vous ce malandrin, ce rustre, qui vous épousait de confiance, là, tout bonnement... ah! ah! ah!

LUCIENNE. Monsieur le chevalier, ce souvenir...

LE CHEVALIER. Il nous honore, il nous rappelle que nous nous sommes vus dans l'adversité, que nous avons noblement supporté le malheur... Quand je pense que j'ai été garçon marchand de vin, que j'ai versé des petits verres à une vile multitude... Ah! ah!...

LUCIENNE. Et quel détestable garçon marchand de vin vous faisiez!... J'étais fort mécontente de vous.

1 B. L.
2 B. T. L.

LE CHEVALIER. C'est particulier, je ne peux pas voir une bouteille de vin sans avoir le vertige... Tenez, dernièrement, j'étais à table; j'entends Germain qui demande à Joseph : Une bouteille! et je me lève en répondant : A douze ou à quinze? Ah! mes aïeux ont dû rougir dans leurs cadres!

SCÈNE VI.

LES MÊMES, LE COMTE, GERMAIN.

LE COMTE. Et le voilà! c'est lui!

LE CHEVALIER (1). Ce cher comte !

LE COMTE. Par où diable êtes-vous venu? On vous cherche de tous les côtés?

LE CHEVALIER. Moi?

LE COMTE, *à Germain*. Germain, vous ferez servir dans le petit salon vert. Je vous recommande le festin, les vins surtout. Ah! n'oubliez pas mon château-margaud.

LE CHEVALIER, *distrait*. Margot... Vous dites?...

LE COMTE. Hein?

LE CHEVALIER. Pardon, je croyais avoir entendu...

LE COMTE. Des ordres que je donne pour ce soir... Bonjour, Lucienne; tu rentres?

LUCIENNE. Oui, mon père.

LE COMTE. Et sommes-nous d'accord maintenant?

LUCIENNE. Tout à fait; n'est-ce pas, chevalier?

LE CHEVALIER. Oui, bourgeoise...

LE COMTE. Hein... plaît-il ?..

LE CHEVALIER. Hein... plaît-il ?...

LUCIENNE, *à part*. Ah! mon Dieu !

BABIOLE. Imbécile...

LE COMTE. Que dites-vous donc?...

LE CHEVALIER. Moi?... rien...

LE COMTE. Si fait, vous avez dit : Oui, bourgeoise.

LE CHEVALIER. Moi... j'ai dit : Oui, bourgeoise?

LE COMTE. Parfaitement!

LE CHEVALIER, *riant*. Ah! c'est particulier; c'est un lapsus.

LE COMTE. Vous nous apportez le contrat?

LE CHEVALIER. Le voilà !

LE COMTE. C'est à merveille, je triple la dot de ma fille, je lui donne mes fermes des Saussines, mes prairies de Sainte-Croix, mon hôtel du faubourg Saint-Germain, je ne garde que ma petite maison du faubourg, où je vais vivre en garçon.

LUCIENNE. Ah! mon père !

LE COMTE. Est-il rien de plus charmant?... garçon! garçon !

1 B. T. le C. L.

LE CHEVALIER. Voilà! voilà! (*Fausse sortie.*)

LE COMTE. Hein?

BABIOLE, *à part.* Aïe!...

LUCIENNE, *à part.* Le maladroit!

LE CHEVALIER, *à part.* Repincé!

LE COMTE. Voilà... quoi?

LE CHEVALIER. Hein?

LE COMTE. Vous dites : Voilà! Je vous demande quoi? qu'est-ce que voilà?

LE CHEVALIER. Moi... j'ai dit : Voilà?

LE COMTE. Ah! c'est trop fort!

LE CHEVALIER. C'est possible... il se peut.. mais...

LE COMTE. Ah! chevalier, vous êtes distrait. (*Le tirant, à part.*) Vous y pensez toujours, mauvais sujet?

LE CHEVALIER. Oui, c'est plus fort que moi... je...

LE COMTE, *bas.* Songer à une danseuse, en présence de ma fille!

LE CHEVALIER. À une danseuse... Ah! oui, une danseuse... Voilà!...

LE COMTE. Mais taisez-vous donc! (*Haut.*) Nos amis vous attendent, chevalier; il faut les prévenir que nous signons aujourd'hui même...

LE CHEVALIER. Je vous suis.

LUCIENNE. Mon père, la promenade m'a un peu fatiguée, et je voudrais...

LE COMTE. Tu es libre, mon enfant.

LUCIENNE (1). Adieu, mon cousin.

LE CHEVALIER. Ma belle cousine, je vous baise les mains.

CHŒUR.

Air final du *Mercier.*

Les noces de ma fille
Doivent se faire avec éclat,
Et ce soir, en famille,
Nous signons le contrat.
    BABIOLE ET LUCIENNE.
Les noces de sa fille
Auront un triste résultat,
Et ce soir, en famille,
On signe le contrat.
    LE COMTE ET LE CHEVALIER.
Les noces de sa/ma fille
Doivent se faire avec éclat,
Et ce soir, en famille,
Nous signons le contrat.

(*Lucienne sort par la gauche, Babiole par la droite, le comte et le chevalier par le fond.*)

LE COMTE. Eh bien, chevalier, venez-vous?

LE CHEVALIER. Voilà! voilà!... (*Ils sortent.*)

1 T. L. le C. B.

SCÈNE VII.

CADÉDIS, PAPILLON.

CADÉDIS, *en dehors, du côté de la fenêtre.* Oh là! Papillon! ferme, sandis!

CADÉDIS. Cadédis, c'est des bêtises ce que tu fais là.

CADÉDIS, *paraissant à la fenêtre.* A l'assaut, mordious! à l'assaut! (*Il saute dans la chambre.*)

PAPILLON. Ah! saperlotte! je glisse...

CADÉDIS. Ah! bagasso de bestiasse! (*Allant à la fenêtre, et aidant Papillon.*) Jé l'ai rattrapé, hupp!... Ah! sandis! que tu es lourd, Papillon!

PAPILLON. C'est la peur!... Où sommes-nous, hein?

CADÉDIS. Où nous sommes?... Et vive Dieu! je n'en sais rien, mais jé m'en moque, et pourvu qué jé rétrouve notre ami Jean...

PAPILLON. Mais es-tu bien sûr...

CADÉDIS. Jé te dis que je l'ai reconnu; il descendait d'une chaise à porteurs, quand je l'ai vu entrer dans cette maison.

PAPILLON. Un garçon marchand de vin descendre d'une chaise à porteurs...

CADÉDIS. Et dans une toilette de prince.

PAPILLON. Tu te seras trompé.

CADÉDIS. Trompé, mordious!... mon sang n'a fait qu'un tour de ma tête à mes pieds. Je mé suis précipité sur ses pas, mais le suisse de l'hôtel m'a barré le passage : *Que temantez fous?* m'a t-il dit. — Qui je demande?... Jean, ce gredin de Jean, que je viens de voir passer... — *Il n'y avre bas te Jean... au large!...* — Vieille choucroûte!... mais si, tenez, là-bas, je le vois encore, c'est lui!... — *Lui! fous insultez le chevalier de Boissec!... Au large! au large!...* Et je fus mis à la porte... Mais je l'avais reconnu, malgré ses cheveux poudrés, son habit de velours, et son nom de chevalier de Boissec, dont je me souviendrai si je le rencontre... C'est alors que tu m'as réjoint et qu'en faisant lé tour de l'hôtel, nous avons aperçu cette fenêtre...

PAPILLON. Il a fallu escalader une grille, traverser un jardin et grimper comme deux chats le long du mur, au risque de passer pour des voleurs...

CADÉDIS. Des voleurs, quand nous sommes les volés, quand cette maison renferme peut-être nos deux épouses... Ah! de par la Garonne! je donnerais ma vie entière pour la tenir là... une minute, une seconde, pour lui dire que je la déteste, que je la méprise et que je ne l'aime plus!

PAPILLON. Cadédis, ma vieille, tu mentirais, vu que tu l'adores autant que j'adore Babiole... Oh! je donnerais un petit écu, j'en donnerais trente, petits écus, si je les avais, pour me rouler à ses petits petons...

Air de *M. Couder.* (Roger Bontemps.)

Je voudrais encore
Lui dire : J' t'adore !
Tu m'as quitté, c'est une indignité ;
Mais, ô Babiole !
De toi, j' raffole...
Pardonne-moi ton infidélité.

CADÉDIS.

Quoi, malheureux ! tu serais assez lâche
Pour pardonner ce cruel abandon.

PAPILLON.

Bah ! pour si peu, faut-il qu'un mari s' fâche :
Les plus heureux sont ceux qui d'mand'nt pardon.

CADÉDIS.

Tais-toi, bestiasse !
Mari bonasse,
Des soldats demander pardon...
Sandis ! nous sommes
D'assez beaux hommes
Pour nous venger sur Lisette ou Suzon.
Croit-elle encore
Que je l'adore ?
Je rougirais de cette indignité ;
Brisons l'idole
Qui nous désole,
Et jouissons de notre liberté.
Nous les aimions, hélas ! et ces infâmes
Nous ont trahis le jour de notre hymen.

PAPILLON.

Ça n' se fait pas ordinair'ment ; les femmes
Ont le bon goût d'attendre au lendemain.

CADÉDIS.

Plus de faiblesse,
On nous délaisse !
Eh bien ! c'est à recommencer...
Pour d'autres belles,
Fuyons loin d'elles.

PAPILLON.

Non, je sens bien qu' je n' peux pas m'en passer.

ENSEMBLE.

CADÉDIS.

Croit-elle encore
Que je l'adore, etc.

PAPILLON.

J' voudrais encore
Lui dire : J' t'adore, etc.

CADÉDIS. Oh ! les femmes ! les femmes !...

PAPILLON. Dire qu'elles ne peuvent pas rester tranquilles le jour de leurs noces...

SCÈNE VIII.

LES MÊMES, LUCIENNE ; *puis* BABIOLE, *puis* LE CHEVALIER.

LUCIENNE, *à gauche.* Cette voix...
BABIOLE, *à droite.* Mais qui donc...

CADÉDIS, *apercevant Lucienne.* Ah !
LUCIENNE, *fermant la porte.* Ah !
PAPILLON, *apercevant Babiole.* Ah !
BABIOLE, *fermant la porte.* Ah !
LE CHEVALIER, *entrant par le fond avec la corbeille.* Je suis le plus heureux des hommes !
CADÉDIS, *l'apercevant.* Ah !
PAPILLON, *de même.* Ah !
LE CHEVALIER, *se sauvant.* Ah ! sacrebleu ! (*Il sort.*)

SCÈNE IX.

CADÉDIS, PAPILLON.

PAPILLON. Cadédis ?
CADÉDIS. Papillon ?
PAPILLON. Nos épouses ! nos légitimes !...
CADÉDIS, *allant à la porte par laquelle est sortie Lucienne (1).* Margot ! ma chère Margot !
PAPILLON, *de même, à la porte de Babiole.* Babiole ! ici... à ce maître, tout de suite !
CADÉDIS. Fermée ! cette porte est fermée !...
PAPILLON, *qui se trouvait près de la fenêtre.* Ah !
CADÉDIS. Quoi ?
PAPILLON, *redescendant par la fenêtre.* Babiole dans le jardin !
CADÉDIS, *allant à la fenêtre.* Seule ?
PAPILLON, *disparaissant.* Oui ; toi, reste ; j' vas avoir une explication...

SCÈNE X.

CADÉDIS, *ensuite* LE COMTE.

CADÉDIS. Oh ! j'enfoncerai cette porte.
LE COMTE, *entrant par le fond (2).* Hein ? qu'est-ce à dire ?...
CADÉDIS, *prenant le comte à la gorge.* Ah ! misérable ! tu vas...
LE COMTE. Monsieur !
CADÉDIS, *sans lâcher le comte.* Tiens, ce n'est plus lui... N'importe, j'en tiens un !
LE COMTE. Ah ! palsambleu ! soldat !
CADÉDIS (3). Oh ! ne criez pas, ce serait inutile. (*Le lâchant.*) Il faut me répondre, il faut me rendre ma femme.
LE COMTE. De grand cœur... où est-elle ?
CADÉDIS. Elle est là.
LE COMTE. Dans la chambre de ma fille !
CADÉDIS. Ah ! vous êtes son père ?
LE COMTE. Oui, je suis le père de ma fille.
CADÉDIS. De Margot Tiquet ?

1 C. P.
2 C. le C.
3 Le C. C.

LE COMTE. Non ; de Lucienne de Fontanges.

CADÉDIS. Lucienne de Fontanges... ce nom... Ah ! je me rappelle... vous êtes le comte de Fontanges ? alors, tant mieux, je vous ai sauvé la vie.

LE COMTE. Ah bah !

CADÉDIS. Votre fille a dû vous parler de Pascal Bernard.

LE COMTE. Oui, un soldat du guet qui nous a laissés partir quand il devait nous arrêter.

CADÉDIS. Pascal Bernard, c'est moi !

LE COMTE. C'est vous !... Ah ! morbleu !... je vous retrouve donc enfin... je vous ai assez fait chercher.

CADÉDIS (1). Chercher ?... et pourquoi ?...

LE COMTE. Pour vous récompenser donc ; et d'abord, tenez, prenez cette bourse... elle renferme...

CADÉDIS. Ah çà ! dites donc, est-ce pour m'humilier ?...

LE COMTE. Non pas ; vous m'avez sauvé la prison, peut-être la vie... et...

CADÉDIS. Et vous me donnez de l'argent !

LE COMTE. De l'argent, d'abord ; mais j'ai du crédit ; vous êtes militaire, et je promets...

CADÉDIS. Vous ne savez pas ce que vous dites !

LE COMTE. Hein ?

CADÉDIS. Je n'ai pas besoin de protection, je suis aussi noble que vous !

LE COMTE. Qu'est-ce que c'est que cet animal-là ?

CADÉDIS. Cet animal, c'est le chevalier de Laussac, le petit Laussacou.

LE COMTE. Vous êtes chevalier, vous ?

CADÉDIS. Cadet de Gascogne, si vous voulez bien le permettre..

LE COMTE. Un chevalier sergent du guet !

CADÉDIS.

Air : J'en guette un p'tit de mon âge.

Oui, j'en conviens, la chose est peu commune ;
Mais j'ai pensé, vous ne direz pas non,
Qu'on a besoin d'une grande fortune,
D'un grand crédit pour porter un grand nom.
J' n'avais pas d' fief, j'ai pris une caserne ;
J' n'ai pas d'épée, un sabre est aussi bon...
    (Montrant ses sardines.)
Voilà mon grade, et, quand à mon blason,
   Je l'ai serré dans ma giberne.

LE COMTE. Palsembleu ! vous me plaisez, vous.

CADÉDIS. Oui ? eh bien ! tant mieux, vous allez me rendre un service.

LE COMTE. Volontiers.

CADÉDIS. Ma femme est ici, je viens de la voir, elle est entrée là.

LE COMTE. Ça m'étonne !... Et vous la nommez ?

CADÉDIS. Margot Tiquet.

1 C. le C.

LE COMTE. Connais pas.

CADÉDIS. Une cabaretière de Belleville.

LE COMTE. Ah çà ! vous moquez-vous de moi, vous ? Est-ce que vous croyez que je reçois des cabaretières ?

CADÉDIS. Vous recevez bien des garçons marchands de vin...

LE COMTE. Moi !...

CADÉDIS. Oui, oui ; un certain chevalier de Boissec, que je viens de voir...

LE COMTE. Le chevalier ! mon gendre ?

CADÉDIS. Votre gendre, lui ?

LE COMTE. Sans doute, il épouse ma fille.

CADÉDIS. Eh bien ! vous mariez votre fille à un garçon marchand de vin...

LE COMTE. Palsambleu !

SCÈNE XI.

LES MÊMES, LE CHEVALIER.

LE CHEVALIER, *entrant étourdiment.* Ah ! cher comte !... *(Apercevant Cadédis.)* Ciel !

LE COMTE. Ah ! vous voilà, vous !...

CADÉDIS. Ah ! te voilà, toi !...

LE CHEVALIER. On m'attend... lâchez-moi !

LE COMTE. Répondez, chevalier !

CADÉDIS. Réponds, grand brigand !

LE CHEVALIER. Brigand ?... Soldat !...

LE COMTE. Avez-vous été garçon marchand de vin ?

LE CHEVALIER. Moi ! grand Dieu !...

CADÉDIS. Tu n'as pas été garçon marchand de vin ?

LE CHEVALIER. On m'attend... Je vais revenir.

LE COMTE. Ah ! morbleu ! est-ce vrai ?

LE CHEVALIER. Non !

CADÉDIS. Ce n'est pas vrai ?

LE CHEVALIER. Si !...

LE COMTE. Si ?...

LE CHEVALIER. Non... Qu'est-ce que vous me demandez ?... que me voulez-vous ?... moi ! garçon marchand de vin... moi ; le chevalier Tancrède de Boissec !... l'illustre rejeton d'une noble famille... moi, dont les illustres aïeux...

CADÉDIS, *frappant sur la table avec son sabre.* Garçon !... du vin !...

LE CHEVALIER, *s'oubliant.* Voilà ! voilà !

TOUS. Ah !

CHŒUR.
LE COMTE.
Morbleu !
Par la sambleu !
Cette aventure est bien étrange ;
Mais un Fontange
Toujours se venge...
Et dans peu
Nous verrons beau jeu !

LE CHEVALIER.

Morbleu !
Par la sambleu !
Je fais une figure étrange ;
Mais un Fontange
Toujours se venge...
Et dans peu
Je verrai beau jeu !

CADÉDIS.

Ah ! sandis !
Cadédis !
Il fait une figure étrange ;
Puisqu'un Fontange
Toujours se venge,
Avant peu
Nous verrons beau jeu.

(Le chevalier sort.)

LE COMTE. Il nous échappe... oh ! mais je le rattraperai !... Attendez-moi, Pascal, je reviens. (Il sort.)

SCÈNE XII.

CADÉDIS, puis LUCIENNE.

CADÉDIS, prenant une chaise et allant se mettre à la porte. Oh ! certes, ce ne sera pas pour la perdre encore que je l'aurai retrouvée, quand je devrais rester là... (Se levant, et repoussant la chaise.) Ah ! mon Dieu ! cette chambre a peut-être une autre issue,.. comment le savoir?... que faire?...

LUCIENNE, paraissant à la porte de la chambre. Pardon, Monsieur...

CADÉDIS (1). Elle !...

LUCIENNE. J'avais cru entendre...

CADÉDIS. Ah ! sandis, mon cœur bat la chamade !

LUCIENNE. Je croyais trouver ici mon père.

CADÉDIS. Votre père?

LUCIENNE. M. le comte de Fontanges.

CADÉDIS. Vous ! la fille du comte de Fontanges?

LUCIENNE. Oui, Monsieur.

CADÉDIS. Allons donc... c'est impossible !...

LUCIENNE. Je vous jure, Monsieur, que je m'appelle bien Lucienne de Fontanges.

CADÉDIS. Mais alors vous avez changé de nom?

LUCIENNE. Jamais.

CADÉDIS. Jamais! ce n'est pas vous que j'ai aimée?.. vous n'êtes pas ma femme?... vous ne vous êtes jamais appelée Margot Tiquet?...

LUCIENNE. Monsieur, vous êtes le jouet d'une ressemblance étrange...

CADÉDIS. D'une ressemblance... ah ! tenez, je vais vous dire la vérité, moi ; car à présent, je devine, je comprends, vous êtes une noble demoiselle ! je ne suis à vos yeux qu'un simple soldat...

1 L. C.

Un hasard, une circonstance, peut-être un caprice, vous aura placée sur ma route ; vous vous serez amusée d'abord, et puis vous aurez eu honte... et vous êtes partie.

LUCIENNE. Monsieur !

CADÉDIS. Le fils de la pauvre boisière ne pouvait pas être l'époux de la noble comtesse ! c'est tout simple... Eh bien ; je ne chercherai pas même à vous détromper ; je suis pauvre, et quelque soit mon nom, je suis indigne de vous ; mais un mot du cœur, votre main dans la mienne, et ce seul mot : «Adieu, Pascal ! » et je partirai, vous ne me reverrez jamais ; je me ferai tuer pour ne pas être un obstacle à votre bonheur.

LUCIENNE. Vous faire tuer... oh ! non, non, je suis Lucienne, je ne suis que Lucienne de Fontanges, et si vous avez été trompé, trahi, il faut vivre, vivre pour pardonner... Ne pensez plus à cette femme indigne de votre amour ; pensez à votre mère que j'ai sauvée, qui vous aime, qui vous attend ; et que cet amour, le premier, le seul vrai peut-être, vous venge et vous console.

Air :

Fière de son fils, votre mère
Vous ouvre ses bras et son cœur ;
Et sur le seuil de sa chaumière,
Vous retrouverez le bonheur.
Cet amour dévoué, sincère,
Il vous attend là-bas ! là-bas !
Et c'est le seul amour sur terre
Qui ne nous trompe pas.

CADÉDIS. Non, vous niez en vain ; le bon Dieu n'a pas créé deux Luciennes, c'est vous, madame Pascal Bernard !

LUCIENNE. Monsieur !

CADÉDIS. C'est toi, Margot Tiquet ! c'est toi !

LUCIENNE. Pascal.

CADÉDIS.

Air : Ces braves hussards du troisième.

Pour te revoir, ange, femme ou fantôme,
Pour te revoir, si j'avais été roi,
J'aurais donné mon sceptre, mon royaume...
Je ne puis rien, mais mon âme est à moi
Et je la damnerais pour toi...
Pardon, pardon, comtesse ou plébéienne,
C'est le bonheur ou la mort qu'il me faut !...
Je veux mourir aux genoux de Lucienne
Ou vivre heureux dans les bras de Margot !...

SCÈNE XIII.

LES MÊMES, PAPILLON.

PAPILLON, au fond, regardant à la cantonade. La voilà !... elle vient par ici.

LUCIENNE, *l'apercevant.* Ah! (*Elle s'enfuit par le fond, à gauche*).

CADÉDIS. Le misérable! il l'a fait fuir...

PAPILLON, *arrêtant Cadédis qui courait après Lucienne* (1). Cadédis!... Ah! mon ami, je l'ai vue, je lui ai parlé.

CADÉDIS. Veux-tu me laisser, bourreau!

PAPILLON. Mais écoute-moi donc...

CADÉDIS, *le repoussant* (2). Ah! mordious!... (*Sortant sur les pas de Lucienne.*) Lucienne!... Lucienne!... Fermée... Ah! je saurai bien la retrouver... (*Il sort par le fond.*)

SCÈNE XIV.

PAPILLON, *ensuite* BABIOLE.

PAPILLON. Où diable court-il ainsi?... ça ne me regarde pas... occupons-nous de nos affaires... Comprend-on cette Babiole... « Vous vous trompez, Monsieur, ce n'est pas moi, vous faites erreur... Laissez-moi... je ressemble peut-être à quelqu'un que vous connaissez; mais je ne vous connais pas... on m'attend, laissez-moi!» Et là dessus elle me ferme une porte au nez... Oh! mais je ne me suis pas tenu pour battu; je suis entré par une autre porte, et je viens de la voir qui se dirigeait de ce côté... Je la prendrai par la douceur d'abord; mais si ça ne fait rien, j'ai mon idée... j'entends marcher?... c'est elle, sans doute... où me cacher... Ah! là!... (*Il se cache derrière un fauteuil, à gauche.*)

BABIOLE, *entrant par le fond, lentement et pensive* (3). Faut-il que j'en aie de ce courage!... dire à Papillon que je ne le connais pas! Dame, je n'avais que ce moyen-là de le renvoyer. Si M. le comte avait appris... Ah! ça m'a fait frémir pour mamselle! Y faut bien vite que je la prévienne. (*Elle se dirige vers la gauche.*)

PAPILLON, *sortant de sa cachette.* On ne passe pas!

BABIOLE, *à part.* Lui!...

PAPILLON. Ah! je vous retrouve enfin!

BABIOLE. Laissez-moi, Monsieur.

PAPILLON. Comment, ma petite Babiole, tu ne reconnais pas ton gros Papillon?...

BABIOLE. Monsieur, je vous défends de me *tutoyère.*

PAPILLON. Babiole, ne faisons pas la méchante! Ah! que t'es donc bête, va!...

BABIOLE. Monsieur, je vous répète que vous vous méprenez.

PAPILLON. Ah! je me méprends?

BABIOLE. Oui Monsieur.

1 P. C.
2 C. P.
3 P. B.

PAPILLON. Vous ne vous appelez pas Babiole Tricot, de votre nom?

BABIOLE, *cherchant toujours à fuir.* Je ne m'appelle pas Babiole Tricot.

PAPILLON. Vous n'êtes pas ma femme?

BABIOLE. Je ne suis pas votre femme.

PAPILLON. Eh bien! vrai Dieu, j'en suis bien aise.

BABIOLE (1). Hein?

PAPILLON. Cette Babiole! c'était une pas grand'-chose, une rien du tout!

BABIOLE. Ah!

PAPILLON. Une paresseuse qui ne savait rien faire de ses dix doigts, et qu'était menteuse... elle avait tous les vices, quoi! et pas jolie... elle louchait d'un œil... elle avait une épaule comme ça...

BABIOLE, *à part.* Oh! la main me démange...

PAPILLON, *à part.* Elle va me griffer, c'est sûr... (*Haut.*) Aussi quelle noce j'ai faite après son départ! fallait voir ça, les brunes, les blondes... Ah! cristi, quelle consommation d'œillades, quelle giboulée de soupirs, et les baisers, les rendez-vous. Sous les lilas... ah! tonnerre, je me suis-t'y amusé d'puis que je suis débarrassé de mon épouse.

BABIOLE, *à part* (2) Ah! si je ne me retenais!

PAPILLON. Et quel bonheur quand le régiment va partir et que j'irai en Espagne courtiser les Andalouses.

BABIOLE, *à part.* Ah! le monstre!...

PAPILLON.
Air des *Enfants de Paris.*
Faudra voir ça
Quand j' dans'rai la catchucha
Avec les Andalouses,
Les Idalgos
En deviendront Indigos;
Et toutes leurs épouses
En me voyant criront : oh!
Qu'il est donc beau! (*ter*)
Viv'nt les Andalouses!
Et allez donc,
Le rigodou,
Le boléro.
Et même le fandango,
La catchucha,
Les entrechats, la queue du chat,
Et cœtera.
Ah! ah! ah! ah! ah!
Le sexe, qui d' moi raffol'ra,
De tendress' ne s'ra point avare,
Et sous mon balcon, on pinc'ra
Des castagnett's et d' la guitare.
La femme de l'Alcade,
A l'heure de minuit,
Me donn'ra chaque nuit
Une sérénade.

1 B. P.
2 P. B.

BABIOLE, *à part*. Oh! ma patience! ma patience!

PAPILLON.

Faudra voir ça, etc.

BABIOLE, *levant la main*. Oh! c'en est trop !

PAPILLON, *tendant la main*. Allons donc!

BABIOLE, *à part*. Si je tape, nous sommes perdues... (*Haut.*) Monsieur, je vous souhaite mille prospérités, et vous tire ma révérence...

PAPILLON. Ah! Babiole !

BABIOLE, *avec dignité*. Militaire, je ne vous connais pas. (*Elle sort.*)

SCÈNE XV.

PAPILLON, ensuite CADÉDIS.

PAPILLON, *sur le même ton* (1). Militaire... je ne vous connais pas !... (*Parcourant le théâtre.*) Ah çà! voyons, est-ce que cette maison serait ensorcelée ?... Est-ce Babiole ?... n'est-ce pas Babiole ?... suis-je endormi ?... suis-je éveillé ?... qu'est-elle ?... et que suis-je ?...

CADÉDIS, *rentrant*. Elle m'échappe !...

PAPILLON. Cadédis !

CADÉDIS. Non, ce n'est pas Margot! elle n'eût pas résisté à ma prière.

PAPILLON. Non, ce n'est pas Babiole : elle m'aurait flanqué une taloche.

CADÉDIS. Papillon ?

PAPILLON. Cadédis ?

CADÉDIS. Partons!

PAPILLON. En route !

SCÈNE XVI.

LES MÊMES, LE COMTE.

LE COMTE, *entrant par le fond en riant aux éclats* (2). Ah! ah! ah ! c'est excellent, c'est renversant! c'est écrasant !...

CADÉDIS. Ah! vous voilà, vous !

LE COMTE. C'était vrai, le chevalier a été garçon marchand de vin... ma fille a tenu un cabaret... je suis le père d'une Margot !... Ah! ah ! ah! ah! (*Se laissant tomber sur un siége* (3). C'est pour en mourir !...

CADÉDIS. Comment donc, mais riez... riez... il y a de quoi!

LE COMTE, *se levant furieux*. Ah! à propos, vous avez donc épousé ma fille, vous ?

CADÉDIS. Moi, j'en serais bien fâché... Allons, Papillon, viens !...

1 C. P.
2 C. le B. P.
3 Le C. C. P.

LE COMTE, *fermant la porte* (1). Un instant !... vous ne sortirez pas!

CADÉDIS. Hein?

PAPILLON. Qu'est-ce à dire?

LE COMTE, *toujours furieux*. C'est-à-dire que c'est une infamie !... épouser ma fille sans mon consentement !... Un sergent du guet épouser la comtesse de Fontanges!

CADÉDIS. Ah! je prends feu comme des étoupes! ne m'échauffez pas les oreilles, vous !

LE COMTE. Corbleu! morbleu! ventre de biche!

CADÉDIS. Oui, c'est une infamie, quand on est noble et riche, de tromper un pauvre soldat, de chercher à le séduire... c'est une infamie, quand on est comtesse, et qu'on doit à ce soldat les jours de son père, de prendre un faux nom, un faux costume, et de venir dans une guinguette, à une barrière, se moquer de son libérateur ! C'est une infamie de se marier sous un faux nom, de renier son rang, ses titres, de les avilir pour une mauvaise action... Oui, j'aimais, j'adorais, j'aime et j'adore peut-être encore le souvenir de Margot Tiquet, mais la comtesse de Fontanges, je la déteste et je la méprise... Adieu !...

PAPILLON. Un instant !... (*Au comte.*) Oui, c'est une infamie de désunir un bon ménage, d'enlever le soir de ses noces une femme à son mari; d'abuser de la faiblesse d'une femme, et de l'innocence d'un jeune homme, pour les séparer au plus beau moment... Oui, j'aimais Babiole, je l'aime encore, je l'aimerai toujours, mais je la détesterai jusqu'à la mort. Adieu !...

LE COMTE. A mon tour !.. Un instant, Messieurs...

Air des *Scythes et des Amazones*.

Pour me sauver, dans un danger suprème,
　Ma fille a dû trahir sa foi ;
C'est en pleurant qu'elle vient elle-mème
De tout me dire, et vraiment je la crois
　Plus extravagante que moi ;
Mais cependant sa conduite fut belle...
J'en ai frémi de plaisir et d'effroi ;
Et je veux être aussi généreux qu'elle,
　Puisqu'elle fut aussi folle que moi.

CADÉDIS. Que signifie ?...

PAPILLON. Qu'est-ce que ça veut dire ?... (*Ritournelle de l'air suivant.*)

LE COMTE. Écoutez, Messieurs, écoutez...

LUCIENNE ET BABIOLE, *au dehors*.

Air de la ronde du 2e acte.

Vive la jeune Margot!
Sa clientelle
Nouvelle
En galté doit à Margot
Payer son écot.

1 C. le C. P.

CADÉDIS. Hein?... ce chant...
PAPILLON. Cette voix!...

SCÈNE XVII.

LES MÊMES, LUCIENNE ET BABIOLE, *costume du deuxième acte.*

Vive la jeune Margot !
Sa clientelle
Nouvelle
En gaîté doit à Margot
Payer son écot.
CADÉDIS (1).
Margot... Lucienne... est-ce vous?
PAPILLON.
Babiol, m' tromper, s'rait atroce!
LUCIENNE.
Pour fêter ces nœuds si doux,
Voici les gens de la noce.

SCÈNE XVIII.

LES MÊMES, CHAMILLARD, MORTREUIL, DE LANGEAC, LA NOCE, *ensuite* LE CHEVALIER.
Air du 2e acte.
Comtes, barons et marquis,
Pour oublier l'étiquette,
C'est toujours à la guinguette
Qu'on nous trouve réunis.
LE CHEVALIER, *accourant* (2).
Qu'ai-je appris? quoi! c'est en vain
Que j'adorais votre fille...
LE COMTE.
Jamais un marchand de vin
N'entrera dans ma famille.
CHŒUR.
Comtes, barons et marquis, etc.

CADÉDIS. Ah! ce serait trop de joie, trop de bonheur... c'est impossible... Lucienne...

1 C. L. B. P.
2 Ch. M. C. le C. L. B. P.

LUCIENNE. Margot Tiquet, s'il vous plaît, mon beau muguet !
CADÉDIS. Ah! ne me trompez pas encore, j'en mourrais !
LE COMTE. Vous tromper! mille-z-yeux! (*Aux seigneurs.*) Messieurs, j'ai l'honneur de vous présenter M. le chevalier de Laussac, un cadet de Gascogne; mais ce n'est pas au chevalier que je donne ma fille... non, morbleu!... c'est à Pascal Bernard !
LE CHEVALIER. Me préférer un soldat, moi qui descends de Pepin le Bref, par les rois fainéants !

CADÉDIS.

Air : Ronde du 1er acte.

Mon Dieu! quelle ivresse est la mienne !
Quoi! lorsqu'on m'accorde Lucienne,
Ce n'est pas au chevalier, c'est
Au malheureux sergent du guet...
Est-il un titre de noblesse
Plus précieux que sa tendresse?
BABIOLE.
Bonheur inattendu !
Vous m'êtes donc rendu !
PAPILLON.
Et j' veux, c'est entendu,
Réparer l' temps perdu !
LE CHEVALIER, *à part.*
Oh! mes nobles aïeux !
J'en suis fâché pour eux.
CADÉDIS ET PAPILLON.
Il est minuit!
L'amour nous appelle,
Nous appelle...
Oh! ma belle !
Retirons-nous sans bruit,
Il est minuit!
LUCIENNE, *au public.*
Témoins de nos amours,
Messieurs, venez à mon secours ;
Chez Margot, tous les jours,
Fuyez l'étiquette des cours...
En avant les amours,
Les clairons, les tambours !
Tra la la la, etc.

FIN.

LAGNY. — Imprimerie de VIALAT et Cie.

EN VENTE CHEZ LE MÊME ÉDITEUR :

Titre	Prix
L'Aïeule.	75
Un Monstre de Femme.	60
La Jeunesse de Charles-Quint.	60
Le Vicomte de Létorières.	60
Les Fées de Paris.	60
Pour mon fils.	60
Lucienne.	60
Les jolies Filles de Stilberg.	60
L'Enfant de Chœur.	60
Le Grand Palatin.	60
La Tante mal gardée.	60
Les Circonstances atténuantes.	60
La Chasse aux Vautours.	60
Les Batignollaises.	60
Une Femme sous les Scellés.	60
Les Aides de Camp.	60
Le Mari à l'essai.	60
Chez un Garçon.	60
Jaket's-Club.	60
Mérovée.	60
Les deux Couronnes.	60
Au Croissant d'Argent.	60
Le Château de la Roche-Noire.	60
Mon illustre ami.	60
Talma en congé.	60
L'Omelette Fantastique.	60
La Dragonne.	60
La Sœur de la Reine.	60
La Vendetta.	60
Le Poète.	60
Les Informations Conjugales.	60
Le Loup dans la Bergerie.	60
L'Hôtel de Rambouillet.	60
Les deux Impératrices.	60
La Caisse d'Épargne.	60
Thomas le Régent.	60
Derrière l'Alcôve.	60
La Villa Duflot.	60
Péroline.	60
La Femme à la Mode.	60
Les égarements d'une Canne et d'un Parapluie.	60
Les deux Anes.	60
Foliquet, coiffeur de Dames.	60
L'Anneau d'Argent.	60
Recette contre l'Embonpoint.	60
Don Pascale.	60
Mademoiselle Déjazet au Sérail.	60
Touboulie le Cruel.	60
Hermance.	60
Les Canots.	60
Entre Ciel et Terre.	60
La Fille de Figaro.	60
Métier et Quenouille.	60
Angélique et Médor.	60
Loïsa.	60
Jocrisse en Famille.	60
L'autre Part du Diable.	60
La Chasse aux Belles Filles.	60
La Salle d'Armes.	60
Une Femme compromise.	60
Patineau.	60
Madame Roland.	60
L'Esclave du Camoëns.	60
Les Réparations.	60
Mariage du Gamin de Paris.	60
Veille du Mariage.	60
Paris bloqué.	60
Un Ménage Parisien.	1 »
La Bonbonnière.	60
Adrien.	60
Pierre le Millionnaire.	60
Carlo et Carlin.	60
Le Moyen le plus sûr.	60
Le Papillon Jaune et Bleu.	60
La Polka en province.	60
Une Séparation.	60
Le roi Dagobert.	60
Frère Galfâtre.	60
Nicaire à Paris.	60
Le Troubadour-Omnibus.	60
Un Mystère.	60
Le Billet de faire part.	60
Pulcinella.	60
Florina.	60
La Sainte-Cécile.	60
Follette.	60
Deux Filles à Marier.	60
Montseigneur.	60
A la Belle Etoile.	60
Un Ange tutélaire.	60
Un Jour de Liberté.	60
Wallace.	60
L'Écolier d'Oxford.	60
L'Oiseau du Bocage.	60
Paris à tous les Diables.	60
Une Averra.	60
Madame de Cérigny.	60
Le Fiacre et le Parapluie.	60
Morale en action.	60
Liberté Libertas.	60
L'Ile du prince Toutou.	60
Mimi Pinson.	60
L'Article 170.	60
Les Viveurs.	60
Les deux Pierrots.	60
Seigneur des Broussailles.	60
Deux Tambours.	60
Constant la Girouette.	60
L'Amour dans tous les Quartiers de Paris.	60
Madame Bugolin.	60
Petit Poucet.	60
Camoëns.	60
Escadron volant de la Reine.	60
Le Lansquenet.	60
Une Voix.	60
Agnès Bernau.	60
Amours de M. et Mme Denis.	60
Perthos.	60
La Pêche aux Beaux-Pères.	60
Révolte des Marmousets.	60
Le Troisième Mari.	60
Un premier Souper de Louis XV.	60
L'Homme à la Mode.	60
Une Confidence.	60
Le Ménétrier.	60
L'Almanach des 25,000 Adresses.	60
Une Histoire de Voleurs.	60
Les Murs ont des Oreilles.	60
L'Enseignement Mutuel.	60
La Charbonnière.	60
Le Code des Femmes.	60
On demande des Professeurs.	60
Le Pot aux Roses.	60
La Grande Bourse et les Petites Bourses.	60
L'Enfant de la Maison.	60
Riche d'Amour.	60
La Comtesse de Moranges.	60
L'Amazone.	60
La Gloire et le Pot-au-Feu.	60
Les Pommes de terre malades.	60
Le Marchand de Marrons.	60
V'là ce qui vient d' paraitre.	60
La Loi salique.	60
Nuage au Ciel.	60
L'Eau et le Feu.	60
Beaugaillard.	60
Mardi Gras.	60
Le Retour du Conscrit.	60
Le Mari perdu.	60
Dieux de l'Olympe à Paris.	60
Le Carillon de Saint-Mandé.	60
Geneviève.	60
Mademoiselle ma Femme.	60
Mal du Pays.	60
Mort civilement.	60
Garde-Malade.	60
Fruit défendu.	60
Un Cœur de Grand'Mère.	60
Nouvelle Clarisse Harlowe.	60
Place Vendôme.	60
Nicolas Poulet.	60
Roch et Luc.	60
La Protégée sans le savoir.	60
Une Fille Terrible.	60
La Planète à Paris.	60
L'Homme qui se cherche.	60
Maitre Jean.	60
Ne touchez pas à la Reine.	60
Une année à Paris.	60
Irène ou le Magnétisme.	60
Amour et Biberon.	60
En Carnaval.	60
Bal et Bastringue.	60
Un Bouillon d'onze heures.	60
Cour de Baberuck.	60
Femme qui se jette par la fenêtre.	60
Avocat Pédicure.	60
Trois Paysans.	60
Chasse aux Jobards.	60
Mademoiselle Grabutol.	60
Père d'occasion.	60
Croquignole.	60
Henriette et Charlot.	60
Le Chevalier de Saint-Remy.	60
Malheureux comme un Nègre.	60
Un Vœu de jeune Fille.	60
Secours contre l'Incendie.	60
Chapeau Gris.	60
Sans Dot.	60
La Syrène du Luxembourg.	60
Homme Sanguin.	60
La Fille obéissante.	60
Tantale.	60
Deux Loups de Mer.	60
Oléa.	60
La Croisée de Berthe.	60
La Filleule à Nicol.	60
Les Charpentiers.	60
Mademoiselle Parabole.	60
Un Cheveu blond.	60
Les Impressions de Ménage.	60
L'Homme aux 160 Millions.	60
Pierrot Posthume.	60
La Déesse.	60
Une Existence décolorée.	60
Elle... ou la Mort!	60
Didier l'honnête Homme.	60
L'Enfant de quelqu'un.	60
Les Chroniques bretonnes.	60
Haydée ou le Secret.	1 »
L'Art de ne pas donner d'Étrennes.	60
Le Puff.	1 »
La Tireuse de Cartes.	60
La Nuit de Noël.	1 »
Christophe le Cordier.	60
La Rose de Provins.	60
Les Barricades de 1848.	60
34. Franc! ou sinon!...	60
La Fille du Matelot.	60
Les deux Pommades.	60
La Femme blasée.	60
Les Filles de la Liberté.	60
Hercule Belhomme.	60
Don Quichotte.	60
L'Académicien de Pontoise.	60
Ah! Enfin!	60
La Marquise d'Aubrey.	60
Le Gentilhomme campagnard.	60
Les Peureux.	60
Le Chevalier de Beauvoisin.	60
Le Gentilhomme de 1847.	60
La Rue Quincampoix.	60
L'Ange de la Table.	60
La République de Platon.	60
Le Club des Maris.	60
Oscar XXVIII.	60
Une Chaine Anglaise.	60
Un Petit de la Mobile.	60
Histoire de rire.	60
Les vingt sous de Périnette.	60
Le Sergent de la Paroisse.	60
Agénor le Dangereux.	60
Roger Bontemps.	60
L'Été de la Saint-Martin.	60
Jeanne la Folle.	1 »
Les suites d'un Feu d'Artifice.	60
O Amitié! ou les trois Epoques.	60
La Propriété, c'est le Vol.	60
La Poule aux Œufs d'Or.	60
Elevés ensemble.	60
L'Hôtellerie de Genève.	60
A bas la Famille ou les Banquets.	60
Daniel.	1 »
Le Voyage de Nannette.	60
Titine à la Cour.	60
Le baron de Castel-Sarrasin.	60
Madame Marneffe.	1 »
Un Gendre aux Epinards.	60
Madame veuve Larifla.	60
La Reine d'Yvetot.	60
Les Manchettes d'un Vilain.	60
Le Duc aux Manvistes.	60
Les Filles du Docteur.	60
Un Turc pris dans une porte.	60
Les Grenouilles qui demandent un Roi.	60
Ce qui manque aux Grisettes.	60
La Poésie des Amours et...	60
Les Viveurs de la Maison-d'Or.	60
Un Troupier dans les Confitures.	60
Ma Tabatière.	60
Gracioso.	60
E. H.	60
Trompe-la-Balle.	60
Un Vendredi.	60
Le Gibier du Roi.	60
Broad-Street.	60
Adrienne Lecouvreur.	1 »
Sans le Vouloir.	60
Les Femmes socialistes.	60
Le Mobilier de Bamboche.	60
Les Beautés de la Cour.	60
La Famille.	60
L'Hurluberlu.	60
Un Cheveu pour deux têtes.	60
L'Ane à Baptiste.	60
Les Prodigalités de Bernerette.	60
Les Bourgeois des Métiers.	60
La Graine de Mousquetaires.	60
Les Faubourgs de Paris.	60
La Montagne qui accouche.	60
Le Juif-Errant.	60
Adrienne de Carolleville.	60
Un Socialiste en Province.	60
Le Marin de la Garde.	60
Une Femme qui a une jambe de bois.	60
Mauricette.	60
Une Semaine à Londres.	60
Le Cauchemar de son propriétaire.	60
Le Marquis de Carabas.	60
La Ligue des Amants.	60
Les Sept Billets.	60
Passe-temps du Duchesse.	60
Les Cascades de Saint-Cloud.	60
Lorettes et Arsins.	60
Les Compatriotes.	60
Un Tigre du Bengale.	60
Le Congrès de la Paix.	60
Les Représentants en vacances.	60
Les Grands Écoliers en vacances.	60
Un Intérieur comme il y en a tant!	60
Le Moulin Joli.	60
La Rue de l'Homme-Armé.	60
La Fée aux Roses.	1 »
Babet.	60
Un Lièvre en sevrage.	60
Rosyne.	60
Trumeau.	60
Mademoiselle Cavillon.	60
L'Héritier du Czar.	60
Rhum.	60
Les Associés.	60
Les Fredaines de Troussard.	60
Les Partageux.	60
Daphnis et Chloé.	60
Malbranchu.	60
La fin d'une République.	60
La Croix de Saint-Jacques.	60
Paris sans impôts.	60
Un Quinze-Vingt.	60
Les Gardes françaises.	60
Les Vignes du Seigneur.	60
La Perle des Servantes.	60
Un ami malheureux.	60
Un de perdu, une de retrouvée.	60
La République des lettres.	60
Figaro en prison.	60
La Dame de Trèfle.	60
Le Ver luisant.	60
Les Secrets du Diable.	60
Deux vieux Papillons.	60
La Mariée de Poissy.	60
L'Homme aux Souris.	60
Le Baiser de l'Etrier.	60
Planète et Satellites.	60
Héloïse et Abailard.	60
Une Veuve inconsolable.	60
A la Bastille.	60
Jean Bart.	60
Les Pupilles de dame Charlotte.	60
Le Jour de Charité.	60
Un Fantôme.	60
Les Nains du Roi.	60

SUITE DU CATALOGUE

9 782013 622783